渡辺聰子
Satoko Watanabe

グローバル化の中の日本型経営

ポスト市場主義の挑戦

同文舘出版

はじめに

日本型経営からの脱却が唱えられるようになって久しい。特に１９９０年代になって日本経済が低迷期に入ってからは、日本企業の多くが年功序列、終身雇用などの従来型の慣行が経営の足枷になると感ずるようになった。多くの企業でリストラクチャリング（事業の再構築）が進められる中、従来型の日本型経営の諸制度の見直しが進み、様々な経営改革が試みられた。ところが、２０００年代になると、そうした改革が行き過ぎたとして、軌道修正を行い、部分的に元の制度を回復する動きが出てきた。

日本型経営を再評価する動きは日本の経営者の間だけにとどまらない。欧米のビジネススクールや経営専門家の間でも日本の企業経営が再び注目を集め始めている。また、アジアの経営者の間にも日本的な経営手法や哲学を学ぶ動きが出ている。２００８年のリーマン・ショックを機に、グローバル化の競争圧力が促進してきた市場主義の行き過ぎに対する懸念が広がっており、こうした懸念もアングロ・サクソン型の市場主義とは対極的な日本型経営の再評価につながっている。

ここ数十年の間に経営環境は大きく変化した。激化する国際競争に加えて、現在の企業には半世紀前には誰も想像できなかったような多様な役割が求められている。株主、顧客、従業員をはじめ、様々なステークホルダーが企業に対して厳しい要求をするようになり、社会もまた企業に対して多くの責任を課すようになった。様々なステークホルダーの厳しい要求に応え、社会的責任を果たしながら、生き残るためには、企業は非常に高い業績水準を達成しなければならなくなった。こうした厳しい経営環境を生き抜くことのできる持続可能なシステムとしての日本型経営の強さと優位性が、改めて注目されるようになったのである。

本書においては、ここ四半世紀間の日本型経営システムの変容の実態に光を当て、今後も維持されるべき有用な特性とは何か、その基盤となる行動原理とは何かを明らかにする。本書では、さらに、グローバル経済の構造変化を射程に入れつつ、日本型経営の優位性、特に組織の人間的側面にかかわる長所を今後の展開にどのように生かすことができるかを提示する。日本企業がこれから新たな発展を遂げるためには、「これまでの日本企業の強さが何であったのか」を確認し、そして「今後も継承されるべき日本型経営の価値とは何か」を改めて問い直す必要がある。日本型経営の長所や強みを今日的文脈において生かしていくことによって、社員のモティベーションとコミットメントを高め、イノベーションを促進し、新たな展開を図ることができると考えられる。

本書においては、著者がここ数年間にわたって国内外の企業において実施してきた調査に基づく実例を取り上げながら、実証的な視点に立って議論を進める。また本書で提示される分析と議論においては、社会学および経済学の理論的枠組と方法論、経営学分野で発展してきた諸概念、さらに心理学などの行動科学における成果が取り入れられている。

本書の内容は以下のとおりである。

職場におけるモティベーションの水準は、日本を含め、多くの国々においてここ数十年間にわたって低下の傾向を辿っている。世界的なモティベーションの低迷の中で、このような状況を打開するための1つの有効なアプローチとして、いわゆる日本型経営が本来持つ強さ、特に組織の人間的側面にかかわる長所を生かす政策が改めて求められるようになった。第1章においては、日本型経営を再評価する動きにもつながっている雇用環境の変化とそれをもたらしているグローバル化の競争圧力について述べる。

第2章および第3章においては、過去四半世紀間の日本型経営システムの変容を辿り、現状を分析し、今後の方向性を探る。1990年のバブル崩壊、長期の景気低迷を経て、2008年のリーマンショックと世界同時不況にいたる激動の四半世紀の間に、日本企業の経営はどのように変化したのか。また日本企業はこの間に何を学んだのであろうか。第2章においては、日本型経営を構成するシステムのうち、企業内部のシステム、すなわち、人事・雇用制度および組織内部の意思決定について述べ、第3章においては、企業間ネットワーク（系列・企業集団を中心とする企業間取引の制度）および企業統治（コーポレート・ガバナンス）について述べる。

第4章においては、日本企業の強さの根幹にある「経営の原理」は何であるのかを分析し、その中で今後も維持されるべき有用な理念と行動原理は何かを明らかにする。本章では、伝統的な共同体主義に基礎を置きながらも近代的な合理性、普遍性をも備えていた日本的な社会関係資本が、どのように日本型経営の強さに結びついているかを見ていく。すなわち、社会関係資本が生み出した信頼、互酬性規範、社会的欲求に応える人間関係論的アプローチ、平等主義、現場主義、イノベーション推進力などが、いかにして現在の日本企業に強さをもたらしているのかを、具体的な事例をあげながら見ていく。本章では、さらに、こうした日本型経営の強みを今後の展開にどのように生かすことができるかを提示する。

第5章においては、海外における日本型経営の適用について述べる。本章では、海外で操業する製造業の中でも日本的な生産と経営の方式を根づかせてきた自動車企業に焦点を置き、特にその日本型方式の中核にある「リーン生産方式」を中心に、在外日本企業の経営を分析する。海外に進出した日本企業の経営については多くの研究がなされてきたにもかかわらず、生産現場の人間的側面、つまり現地の従業員が日々どのように仕事をし、どのような意識をもってチームや組織にかかわり、どのようにして高品質の製品を製造しているのか、といった従業員の意識と行動にかかわる側面については、実態は明らかになっていない。本章においては、そうした実態を明らかにすることによって、なぜリーン生産方式が、持続可能なシステムという観点において大きな成功を収めているのかを解明する。

第6章においては、日本型経営の長所を生かしつつ、そのデメリットを克服するためのハイブリッド・モデルについて述べる。日本企業の今後の展開においては、第4章で述べたような日本型経営の優位性を十分に生かしていく必要がある。しかし本書を通じて述べているように、日本型の経営方式が必ずしもすべて優れているわけではなく、問題点も多い。これまでに顕在化してきた日本型経営の様々な弊害を克服するにあたっては、日本型経営の対極にあるアングロ・サクソン型の諸慣行から有用な部分を選択的に取り入れることも必要である。本章においては、職階ごとの分析に基づいて、日本型経営の弊害を克服しながら、その強さを生かしていく上で有効なモデル、すなわち、日本型とアングロ・サクソン型の相互補完的な融合による、多層的ハイブリッド型の人的資源経営のモデルを提示する。

本書においては著者がここ数年間に実施してきた企業での面接調査に言及がなされているが、こうした調査の実施にあたっては、国内外の多くの企業にご協力いただき、担当の方々にお手数をお掛けした。これらの方々に心から感謝する。また同志社大学の太田肇教授には、貴重な示唆と励まし、また助力をいただいた。厚く御礼を申し上げる。最後になったが、本書の出版を推進され、隅々まで心を配って編集にあたられた同文舘の青柳裕之氏には、この場を借りて深甚の謝意を表する。

渡辺　聰子

目次

第1章 グローバル化の競争圧力とモティベーション危機

第2章 日本型経営―何が変わり、何が残るか――17

第4章 日本型経営の強さと継承すべき価値――101

第5章 世界に生きる日本型経営——139

第6章 人的資源経営のハイブリッド・モデル—— 183

グローバル化の中の日本型経営—ポスト市場主義の挑戦—

第1章

グローバル化の競争圧力とモティベーション危機

1 グローバル化がもたらした経営環境の変化

グローバル化の初期段階、つまりグローバル経済が先進国によって主導されていた時代には、グローバル化が「底辺へ向かう競争」あるいは「負のスパイラル」を生み出す心配は余りなかった。しかし、インドや中国などの新興国がグローバル経済において影響力を増すにつれて、先進諸国は、グローバル化が必ずしも彼らの今後の展望を明るくするものではないと感じるようになっている。特に世界の製造業の中心としての中国の勃興、サービスの外部委託の中心としてのインドの隆盛は、先進国に脅威を与えている。旧社会主義諸国の資本主義経済への参加、発展途上国の台頭などにより、より多くの国々、より多くの企業が国際競争に参加するようになり、国際競争は熾烈さを増す一方である。企業にとって、生産コストおよび労働コストの削減と品質向上の必要性は、かつてないほど逼迫したものとなった。

激化する国際競争に加えて、現在の企業にはますます多くの役割が求められている。株主、顧客、従業員をはじめ、様々なステークホルダー（利害関係集団）が企業に対して厳しい要求をするようになり、社会も企業に対して多くの責任を課すようになった。企業がこれほどまでに多様な要請に対して応えなければならない状況は、未だかつてなかったことである。つまり様々なステークホルダーの厳しい要求に応え、社会に対する責任を果たしながら生き残るためには、企業は非常に高い業績水準を達成しなければならなくなったのである。

グローバル化する経済と激化する国際競争に対応するため、先進国の企業は一般的に、市場主義志向を強化する政策をとるようになっている。つまり、戦略的提携、アウトソーシングの利用拡大、雇用形態の多様化、組織ヒエラルヒーのフラット化、人員削減、部門の整理統合によるダウンサイジングとリストラクチャリング、フレキシビリティの増大などである。こうした政策は企業の業績の向上につながることも多いが、一方で先進国の雇用環境および労働環境を大きく変えている。国際競争が激化し、情報技術が発展し、短期的な経済的リターンへの関心が増大し、それらと新しいマネジメント技術が合体することにより、ほぼすべての仕事で「不確実性」が増大したといわれる。

経営の効率化と人件費コストの削減を目指し、多くの企業では正社員の割合を減らし、代わってパートタイム雇用者、期間雇用者、派遣雇用者などの非正社員の割合を増やしている。急速に変化する経営環境に迅速に対応するためには、常に雇用調整を行う必要があり、こうした雇用調整をより容易にするために多くの企業で非正規雇用を制度化している。新たな雇用の多くは、主としてこうした非正規雇用の分野に集中している。多くの企業で起きているこのような雇用形態の変化は、労働市場全体の構造に少なからぬ影響を及ぼしている。自由な市場競争が促進される経済環境の中で、起業家などとして成功した新しい富裕層が生まれる一方、不安定、不定期、低賃金の職を転々とする大量の非正規雇用者が生み出されている。また正社員の数が削減され、非正社員の割合が増加している職場においては、前線で働く正社員つまりコア要員は、非正社員の専門的知識や技術の不足をカバーするためにより多くの時間と労力を費やさねばならなくなり、労働強化を経験する。

また先に述べたように、競争力を強化するために多くの企業において「組織ヒエラルヒーのフラット化」という政策がとられている。つまり、組織内に脱中央集権的な利益の単位が形成されて責任が下位へ委譲される。現代の知識・情報産業やサービス産業の職場において、このような労働編成の変革が実施された場合、しばしば労働強化と責任の増大につながる。現代の生産過程は、以前のシステムと異なり、従業員の関わりとコミットメントに依存している。以前の労働者は、製造工程における歯車の1つとして同僚とともに対象物に働きかけて製品を作らなければならなかった。しかし、今日の従業員は、自ら考え、自ら憂慮し、自ら会社の成果を作り出さなければならない。特に知識・情報産業やサービス産業においては、個々の従業員の自己責任に依存する度合いが高まる傾向がある(1)。

また拡大し続けるサービス産業の仕事においては、ブルーカラーとは異なった心理的なストレスが課される。つまりサービス業の仕事においては、礼儀正しさ、丁重さ、親切、他人の役に立つこと、などが生活の量を得るための手段となる。彼らは自分の時間と労力のみならず、人格をも含めた自分自身を商品化しなければならない。常に他人と協調し、少なくとも表面上は友好的態度を維持し、職場が要求する適切な感情状態を作り出さなければならない(2)。こうした状況は、ストレスと不満を生み出しやすい。

雇用環境における不確実性は、管理職においても

図表1－1　労働意欲の国別比較

	「意欲があり積極的に仕事に取り組む」	「意欲がない」	「仕事が嫌い」
アメリカ	30%	52%	18%
ブラジル	27%	62%	12%
スペイン	18%	62%	20%
イギリス	17%	57%	26%
スウェーデン	16%	73%	12%
カナダ	16%	70%	14%
ドイツ	15%	61%	24%
フランス	9%	65%	26%
インド	9%	60%	31%
日本	7%	69%	24%
中国	6%	68%	26%

出所：2011・2013年ギャラップ世論調査 (The Gallup Organization, "State of the Global Workplace")。

(1) Beck, U.（2000）*What Is Globalization?*, Cambridge, UK: Polity Press, p. 151.（木前利秋・中村健吾監訳『グローバル化の社会学：グローバリズムの誤謬―グローバル化への応答』国文社、2005年）
(2) Hochschild, A. R.（1983）*The Managed Heart: Commercialization of Human Feeling*, Berkeley, CA: Univ. of California Press, p. 14.（石川准・室伏亜希訳『管理される心』世界思想社、2000年）

増大している。1980年代までは、先進国の大企業の多くは、事実上の終身雇用と予測可能な昇進の経路を提供することができた。しかし、こうした状況は、1980年代以降、一変した。グローバル化の競争圧力は、中間管理職などホワイトカラー層の労働環境を律していた暗黙の雇用契約のあり方を大きく変えた。「予測可能な昇進と安定した収入をもたらす、生涯続けることのできる職」というかつての先進国で存在していた雇用の形態は、今や過去のものになったといわれる。[3] Eメールなどの情報通信技術の普及は、仕事の効率化を助ける一方で長時間労働を招いているという。[4]

雇用と労働の状況におけるこうした変化は、働く人々の意欲や仕事満足度に明らかな影響を与えている。こうした影響を非常によく反映していると思われるのが、多くの国で観察されるモティベーションの低迷という現象である。以下、次項においては、ここ数十年間にわたる世界的なモティベーションの水準がどのように推移したかを見ていく。

2 モティベーション危機

【1】モティベーション低下の世界的傾向—最新の調査結果

職場におけるモティベーションの水準は、世界の多くの国においてここ数十年間にわたって低下の傾向を辿り、現在に至っている。ギャラップ社が2011年から2013年にかけて142カ国、23万人のフルタイムおよびパートタイムの従業員を対象に行った調査によれば、「意欲があり積極的に仕事に取り組む」と答えた人は全体の13%である。[5] 9割近い人が「仕事に意欲を感じない」、あるいは「仕事

(3) Cappelli, P.（1999）*The New Deal at Work: Managing the Market-driven Workforce*, Boston, MA: Harvard Business Press.
(4) Osterman, P.（2008）*The Truth About Middle Managers: Who They Are, How They Work, Why They Matter*, Boston, MA: Harvard Business School Publishing Corporation.
(5) The Gallup Organization（2013）The State of the Global Workplace.

が嫌い」と答えている。

世界各国におけるモティベーションのレベルは概して低い。２０１１―２０１３年のギャラップ調査において、「意欲があり積極的に仕事に取り組む」と答えた人の割合は、主要国の中で最も高いアメリカでも30％にとどまり、以下ブラジル27％、スペイン18％、イギリス17％、スウェーデン16％、カナダ16％、ドイツ15％、フランス９％、インド９％、日本７％、中国６％と続く。

【２】これまでの推移

(1) 欧米の状況

労働意欲の低迷が指摘されるのは、決して新しいことではない。先進国において労働意欲の低下に関する多くの報告が出始めたのは、１９７０年代から１９８０年代にかけてのことである。ミシガン大学・世論調査センターは、１９７３年から１９７７年にかけてアメリカ人の仕事に対する満足度に明らかな低下が見られると報告し、「全国レベルで仕事満足度の低下が認められたのは今回の調査が初めてである」と指摘している。(6) また１９８１年にアメリカで実施された世論調査（ハリス・ポル）の結果は、その10年前に比べて、モティベーションと仕事に対する誠意が減退し、仕事の出来栄えに関する労働者自身の評価基準が低下していることを示している。(7) さらにギャラップ社の調査によれば、「報酬にかかわらず最善の努力をするという内的欲求を持っている」という記述に「賛成」と答えた人は１９８０年に88％であったが、１９８３年には、57％に低下している。(8) ２００１年にギャラップ社がアメリカで行った仕事意識に関する調査では「意欲があり積極的に仕事に取り組む」と答えた人は回答者全体の30％であった。この値はその後も余り変化しておらず、２０１１―２０１３年の調査でも先ほど述べたように

(6) Phillips, K.（1979）*Opinion Polls Show - America's Work Ethic In Decline*, Sarasota Herald-Tribune, August 19, 1979.
(7) Yankelovitch, D.（1982）The Work Ethic is Underemployed, *Psychology Today*（May）, pp. 5-8.
(8) Yankelovitch, D., *et al.*（1983）*Work and Human Values: An International Report on Jobs in the 1980s and 1990s*, New York: Aspen Institute for Human Studies.

30%であった。

またヨーロッパにおいても旧西ドイツで行われた世論調査によれば、1950年代には大多数のドイツ人が「勤勉」を最も尊重すべき価値であると答えたのに対し、1970年代には、「働き過ぎ」に対する反対意見の割合が増加し、若年層においては、回答者の半数以上が、仕事に対して不満を持っているという結果が出ている(9)。また1983年に旧西ドイツで行われた世論調査によれば、仕事に関して常に最善の努力をするという労働倫理を強く支持する人は全体の26%に過ぎなかった。2011-2013年のギャラップ調査では、ドイツで「意欲があり積極的に仕事に取り組む」と答えた人は全体の15%である(10)。またスウェーデンに関しても同様の世論調査結果が報告されている(11)。

1970年代、1980年代にかけてかなり急速に低下した先進国における労働意欲は、その後も低い水準にとどまっている。先ほど述べた2011-2013年のギャラップ調査、およびここ数年間の同社による調査の結果は、世界的に労働意欲が低水準で推移していることを示している。調査対象となった先進国の中で「意欲があり積極的に仕事に取り組む」と答えた人の割合が最も高いのは、アメリカで30%であるが、このアメリカでも70%が「意欲がない」、あるいは「仕事が嫌い」と答えており、30-40年前の調査結果に比べると、仕事に対する熱意とモティベーションは明らかに低下している。

(2) 日本の状況

日本の高度経済成長は、日本人の勤労意欲の高さに負うところが大きいとされているが、その後日本においても勤労意欲の低下が見られ、近年では驚くほど低くなっている。日本でこの低下傾向が始まったのは、欧米に比べると10年余り遅く、1980年代後半から1990年頃と考えられる。著者らのグ

(9) Noelle-Neumann, E.(1981) Working Less and Enjoying it Less in Germany, *Public Opinion*, Vol. 4, No. 4, pp. 46-50.
(10) 同上。
(11) Zeterberg, H. and Frankel, G.(1981) Working Less and Enjoying it More in Sweden, *Public Opinion*, Vol. 4, No. 4, pp. 41-45.

ループでは、日本生産性本部メンタル・ヘルス研究所が企業の社員を対象に実施している質問票調査により得られたデータをもとに、この時期の勤労意欲の変化を分析した(12)。

この分析においては、1985年、1990年、1995年のデータ（それぞれの年の回答者数は、4884人、4803人、5304人）について、勤労意欲、労働倫理、帰属意識など、仕事に対する意識や価値観にかかわる項目における回答を比較した(13)。たとえば「今の仕事に対して自らすすんでやる気がする」という質問に対して「はい」と答えた人の割合は、1985年には77%、1990年には66%、1995年には56%であった。同じく「今の仕事に生きがいを感じている」人は、1985年には61%、1990年には45%、1995年には42%、「より重い責任を持って仕事をしたい」人は1985年には50%、1990年には37%、1995年には34%、また「会社の最高経営層に信頼感を持っている」人は、1985年には57%、1990年には46%、1995年には41%であった。

労働倫理の項目においては、「会社の仕事は私生活より優先すべきだ」とする人は、1985年には48%、1990年には27%、1995年には21%、「会社では給料に見合うだけ働けばよい」と考える人は、1985年には19%、1990年には28%、1995年には32%、さらに「人が見ていないとつい仕事の手を抜いてしまう」人は、1985年には13%、1990年には18%、1995年には21%であった。同時に将来に対する不安も増大している。「将来について特に不安はない」と答えた人は1985年には53%であったが、1990年には44%、1995年には40%になっている。

こうした数値を見ると、仕事に対する意欲やモティベーションはこの時期に明らかに低下しており、日本的な滅私奉公の意識は減退し、会社に対する帰属意識も低下していることがわかる。1980年代後半は、いわゆるバブル現象が進行した時期で、地価の高騰が続き、金融機関に限らず多くの企業が不

(12) 渡辺聰子（1999）「職場のメンタル・ヘルスと経営革新」『人材教育』第11巻5号、44-48頁。
(13) 同上。

動産投資に走った。このような経済現象がそれまで日本人の心の中に少しずつ起きていた心理的な変化を加速させたのではないかと考えられる。つまりバブルという現象を見て、伝統的な労働倫理の根底にある勤勉や仕事に対する誠実さの意義を疑う人が増えたのではないかと考えられる。

バブル崩壊に続く景気の低迷は、仕事に対する意欲やモティベーションをさらに低下させる要因になったと考えられる。１９９０年代以降、グローバルな競争が激化する中、従来型の日本的な慣行を脱し、市場志向型システムへの変革を進める企業も増え、同時に雇用の非正規化も進んだ。その結果、労働環境は厳しくなり、雇用の不確実性は増大した。長期にわたる経済の低迷が続き、日本の雇用者の平均給与は１９９８年以降減少を続けている[14]。２０１３年には微増するが、物価の上昇を考慮すると実質的な増加とはいえない。

２０１１−２０１３年のギャラップ調査の結果によれば、日本におけるモティベーションのレベルは、世界の平均値よりさらに低い。日本人においては、「意欲があり積極的に仕事に取り組む」と答えた人は７％に過ぎず、「仕事に意欲を感じない」と答えた人は69％、「仕事が嫌い」と答えた人は24％、つまり９割以上の人が仕事への意欲を感じていないという結果がでている。２００５年の同じ調査では、「意欲があり積極的に仕事に取り組む」と答えた人は９％であったから、６−７年の間にわずかながら低下している[15]。コンサルタント会社のタワーズペリンが２００５年に世界16カ国の８万６０００人の従業員を対象に行った調査においても、日本では「非常に意欲的である」と答えた人が２％と最低であった[16]。16カ国の平均が14％であることに照らすと日本の値は非常に低いといえる。他にも野村総合研究所、日本生産性本部メンタル・ヘルス研究所、労務行政研究所のデータなど、社員のモティベーションの低下を示す調査結果は少なくない[17]。高度成長期には、日本人の勤労意欲の高さは世界の関心を集めたが、現

(14) 年収ラボ「最新の平均年収・給料・賃金動向を調査」(http://nensyu-labo.com/)。サラリーマンの年収の推移。民間企業で働くサラリーマンや役員、パート従業員の平均年収は 1997 年の 467 万円を頂点として右肩下がりになり、2012 年には 408 万円となる。

(15) 朝日新聞(2005)5 月 13 日朝刊。

(16) 植田真司(2013)「日本の労働生産性向上のためのマネジメントに関する考察」『大阪成蹊大学マネジメント紀要』第 11 巻 1 号、1-22 頁。

(17) 斉藤智文(2010)『世界でいちばん会社が嫌いな日本人』日本経済新聞出版社。

在では驚くほど低くなっていることをこれらの調査結果は示している。

【3】モティベーションと経済成長

「どうしたら社員をもっと一生懸命働かせることができるか」、すなわちモティベーションの増進は、経営者にとって重要な課題である。しかしモティベーションは経営者の問題であると同時に社会全体の問題である。モティベーションは経営者にとっては生産性の問題であり、個人にとっては「生きがい」の問題であり、社会にとっては経済成長の問題である。言い換えれば、一国の経済成長率は、ほとんど生産性の上昇率で決まり、生産性は、すぐれて個々の社員のモティベーションによって決まる。

企業の業績に影響を与える要因はもちろん、働いている人々のモティベーションや意欲だけではない。設備投資、生産技術、経営体制、経済構造といった様々な要因が影響する。しかし、モティベーションが働く人の生産性と企業の業績を決定する最も重要な要因の1つであることは疑いを入れない。アメリカの心理学者D・C・マクレランドは、世界30カ国を実証的な手法により比較研究した結果、人間の基本的なモティベーション、すなわち達成意欲は、企業家精神の中心的な特性であり、その国の経済発展と深い相関関係にあることを示した(18)。要するに、文化的制度的な差異にもかかわらず、また歴史的発展段階の相違にもかかわらず、モティベーションの水準が経済の発展に決定的な影響力を持つということである。

働く人々のモティベーションが組織の経営にとっていかに重要かを考えると、現在広範に観察されるモティベーションの低迷は、経営者にとって、また社会にとって憂慮すべき事態である。モティベーションの長期的な低迷は、いくつかの原因が複合して起きている現象であろう。大きな原因の1つは、先に

(18) McClelland, D. C. (1961) *The Achieving Society*, Princeton, NJ: D. Van Nostrand.

述べたように、ますます激化する国際競争に対応するため、多くの企業が市場志向を強化するような雇用政策および人的資源政策をとるようになったことにあるといえる。非正規雇用の拡大や人員削減などによる雇用・労働環境の悪化がモティベーションの低迷の大きな原因の1つであると考えられる。2011-2013年のギャラップ社の北米地域での調査結果からも、人員削減を実施している会社では、そうでない会社におけるよりも社員の労働意欲が低いことが明らかになっている(19)。

こうした各企業における雇用や労働の体制における変化の背後には、ここ数十年間にわたって先進諸国で進行してきた産業構造および職業構造における本質的な変化がある。

3 産業構造の変化と新しい職業階層

先進国ではここ数十年間に脱工業化がさらに進み、産業構造および職業構造は大きく変化した。製造業、農業従事者がさらに減少し、第三次産業従事者、とりわけIT・ハイテク専門家、コンピューター対面型雇用者（事務職を含む）およびサービス業雇用者の増加が顕著である。

図表1-2は、個人を単位としてみた場合の先進国の職業階層の構造を理念型として示したものである。それぞれの社会によって各階層の割合はかなりの程度異なるものの、大雑把に見るとそれぞれの階層は、労働人口全体の中でこのような割合を占めている。

比較的安定した職を大量にもたらしていた製造業あるいは製造業関連の産業に従事する人口は、ここ数十年間に先進国の平均で労働力の40%近くから15%に低下している。また農業に従事する人口は、国によっては10%以上であったのが現在では2～3%にまで低下している。

(19) The Huffington Post『「嫌々ながら仕事する」労働者の割合が高い国は？』（http://www.huffingtonpost.jp/news/gyarappusha）2013年10月11日。

現在では、雇用者の80％以上が知識を基盤とする産業、あるいはサービス産業で生計を立てなければならない。図表1-2は、知識・サービス経済の拡大によって生じた社会的・技術的な変化により現れてきた新しい職業分化を示している。

　こうした新しい経済によって生み出された仕事の約3分の1は、ITに関する技術的な知識やその他のスキルを要する「IT・ハイテク専門家」（図表1-2の③）である。「コンピューター対面型労働者」（図表1-2の④）は、ITスペシャリストではないけれども、1日の多くの時間コンピューターを使い、モニターに向かって仕事をする。多くの人はもっとルーチン的でそれほど高度のスキルを必要としない仕事に従事する「サービス業雇用者」（図表1-2の⑥）である。この階層を構成するのは、飲食業や流通・小売業など、つまり、外食チェーン店、カフェ、商店、スーパー、ガソリンスタンドなどでサービスを提供する仕事に従事する人々である。図表1-2の①「政府や企業の中心にいるグローバル・エリート」は明確に形を成さないエリートたちで、国境を越えた力と視点を持つ人々である。先進国の国際都市ではこうした人々の存在が顕著である。

　こうした職業階層においては、雇用の安定の度合いは、図表1-2の①から③までの階層、つまり①「政府や企業の中心にいるグローバル・エリート」、②「プロフェッショナルと経営者」、③「IT・ハイテク専門家」において高い。これらの仕事は、雇用の安定、報酬、自己実現的要素などにおいて多くの人がいわゆる「良い職」と考える職業である。一方、それ以外の階層では雇用の安定の度合いは相対

図表1−2　先進国の職業階層（全人口に占める％）

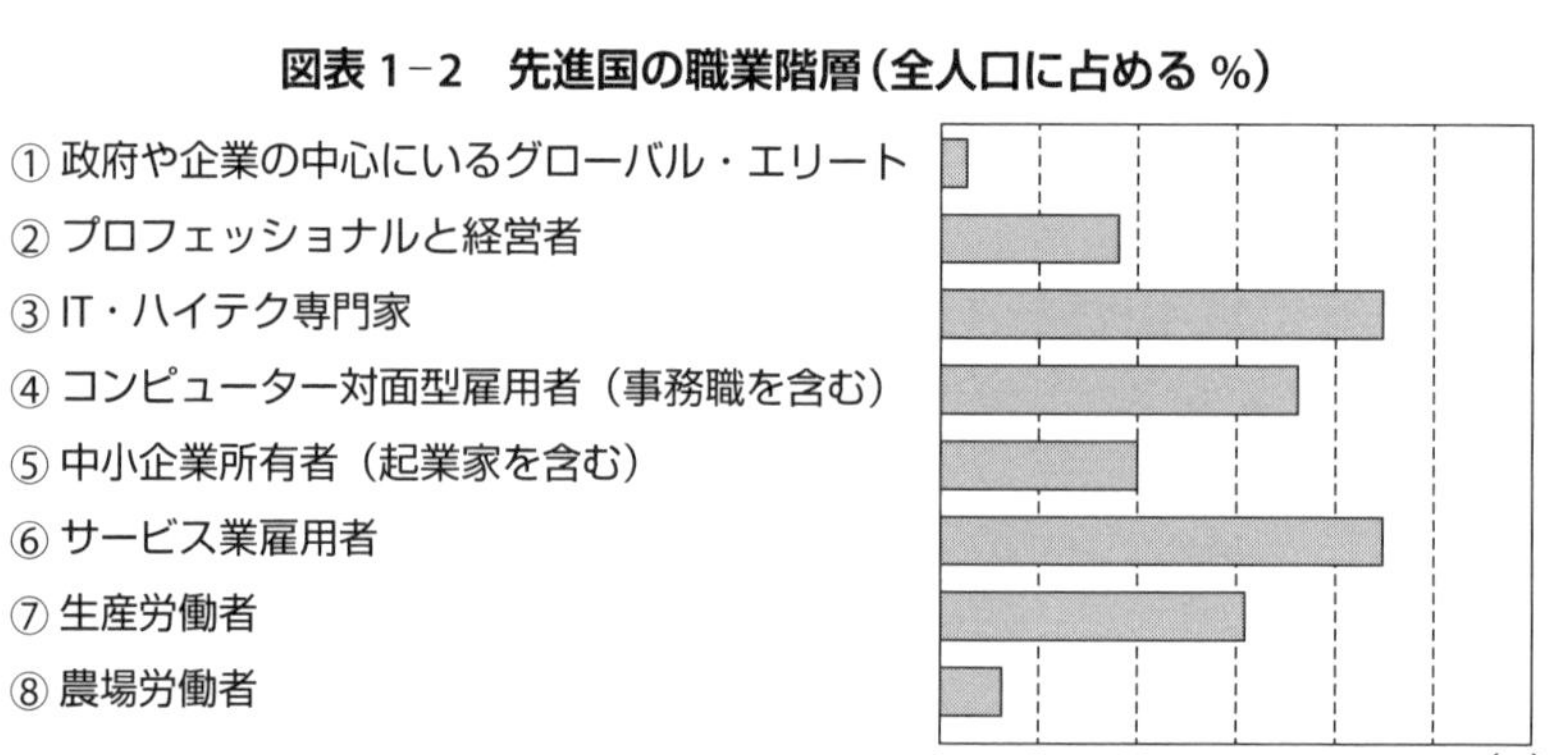

出所：アンソニー キデンズ・渡辺聰子（2009）『日本の新たな第三の道―市場主義改革と福祉改革の同時推進』ダイヤモンド社、132頁。

的に低い。

4 高度化する欲求

多くの職場において現実の雇用・労働環境が悪化していく一方で、働く人々の仕事に対する欲求や期待は高度化している。その結果、現実と期待の間にあるギャップが拡大し、このことが現在の職場におけるモティベーションの低迷の根本的な原因になっていると考えられる。

人間が働く動機、あるいは人間が仕事に対して求めるものは、現実の社会的経済的変化との深い相互関係の中で、徐々にではあるが確実に変化している。経済発展途上期のまだ生活水準が低かった時代には、多くの人々にとって労働の目的は、家族みんなが食べていき、雨風を凌ぐ住処を確保するための物質的報酬を得ることであった。また、後の高度成長期の消費主義全盛の頃には、人生の目的は豊かな消費生活の享受であり、労働はそのための手段に過ぎないと考えられる傾向があった。しかし、この半世紀にわたる脱工業化とそれに伴う職業構造の変化、および物質的生活水準の向上は、人々の仕事や組織に対する考え方に大きな変化をもたらしている。

現在では、多くの人々が、仕事に対して物質的報酬以上のものを期待する。つまりそれは「社会的欲求」や「自我の欲求」の満足であったり、「自己実現の欲求」の充足であったりする。(20) 社会的欲求とは、「集団や組織に帰属し、同僚や仲間に受容され、集団の一部となること」、そして「友情や愛情を与えたり受け取ったりすること」に対する欲求である。自我の欲求とは、「自らの業績、能力、知識に関して自分自身を承認し、自信および自律を得、自尊心を満足させること」、また同時に、「他の人々や社会か

(20) ここでの欲求の定義はアブラハム・マズローの欲求の5段階論に基づく。マズローの欲求の5段階論については、本書、第4章 *123* 頁参照。

ら承認され、地位、名声、信望を得ること」に対する欲求である。自我の欲求は「承認欲求」とも呼ばれる。

自己実現の欲求とは、「自分の可能性を実現し、自己発展を継続し、広い意味で創造的であること」に対する欲求である。社会的欲求、自我の欲求、自己実現の欲求の3つの欲求を、ひとまとめにして「社会的および自己実現の欲求」あるいは「脱物質的欲求」と呼ぶこともある。[21] 労働人口のかなりの割合の人々が、こうした脱物質的な欲求を重視するようになり、彼らにとって仕事は自負心を満足し、生きがいを与え、自己発展のプロセスとなるべきものと考えられるようになった。

ここ数十年来、人々の欲求は高度化し、自我の欲求や自己実現の欲求が強くなる一方で、これらの高度な欲求を満足させるようないわゆる「良い職」の数は増加していない。[22] 1970年代半ばから、どこの国においても有給の雇用は減少し、失業人口が増加している。さらに、比較的安定した条件の良い正規雇用の割合が減少している。グローバルな市場競争がますます激化する中、企業の人員削減政策は長期にわたって続いており、雇用と仕事の世界に大きな影響を与えている。さらに、今日成長している分野の1つである情報・知識産業は、経営者、IT・ハイテク専門家（コンピューター・プログラマーなど）、コンサルタントなどの少数のエリート集団によって構成されている。新規に成長分野が開拓されなければ、この分野だけでは企業の人員削減や技術革新によって今後職を失う多くの人々のほんの一部しか吸収することができないであろう。

自我の欲求や自己実現の欲求を満たすような職の数に比して、そうした職を望む資格ある候補者の数の方がずっと多いことは明白である。現実には、多くの人々は、職場において自我の欲求や自己実現の欲求を満足する機会を十分に与えられていない。非常に大雑把な推測であるが、ギャラップ調査におい

(21) Inglehart, R.（1977）*Silent Revolution: Changing Values and Political Styles among Western Publics*, Princeton, NJ: Princeton University Press, pp. 41-42.（三宅一郎・金丸輝男・富沢克訳『静かなる革命—政治意識と行動様式の変化』東洋経済新報社、1978 年）

(22) Kalleberg, A. L.（2011）*Good Jobs, Bad Jobs: The Rise of Polarized and Precarious Employment Systems in the United States, 1970s-2000s*, New York: Russell Sage Foundation.

て「意欲があり積極的に仕事に取り組む」と答えている人は、このような高度の欲求を満たすことのできる仕事に就いている幸運な人々であろう。こうした人々の割合は先に述べたように、2011－2013年の時点で、アメリカ、ブラジルで3割、スペイン、イギリス、スウェーデン、カナダ、ドイツで2割以下、フランス、インド、日本、中国で1割以下である。彼らは需要の高い技術や知識を身につけ、興味をそそるような問題解決、自己表現、自己主張の機会に恵まれた職に就き、自ら進んで多くの時間を仕事に費やすことのできる人々であろう。

一方残りの人々は、自己実現の機会にも恵まれず、職場満足度は低く、仕事に意欲を感じていない。特に「仕事が嫌い」と答えた人々は、学習能力、気力にも恵まれず、金銭的報酬のため以外には誰もやりたくないような仕事に就き、失業の不安に駆られながら、仕方なく現在の仕事を続けている不運な人々である可能性が高い。図表1-1からも明らかなように、こうした人々は各国において相当な割合を占めている。

5 結論

以上述べてきたように、脱工業化の進行に伴い人々の仕事に対する欲求は高度化し、自我の欲求や自己実現の欲求が強くなる一方で、これらの高度な欲求を満足させるようないわゆる「良い職」の数は増加していない。多くの人々は仕事に対する欲求や期待と現実の雇用環境のギャップに不満や無気力感を感じている。こうした不満や無気力感がモティベーションの長期的な低迷に結びついていると考えられる。

しかしながら、人々の欲求や期待と現実とのギャップが、脱工業化に伴う産業・職業構造の変化、そしてグローバル競争を勝ち抜こうとする企業の「市場主義・競争原理」重視の政策に起因するものである以上、職場におけるモティベーションの回復はそれ程容易なことではない。

本書においては、このような状況を打開するための1つの有効なアプローチとして、いわゆる日本型経営が本来もつ強さ、特に組織の人間的側面にかかわる長所を生かす政策を提示する。ここ四半世紀にわたって国内外で評価が低下してきた日本型経営であるが、最近、日本の企業経営者のみならず、海外の専門家の間でも日本的な経営の長所を再評価する動きが出ている。すなわち、厳しい経営環境を生き抜くことのできる持続可能なシステムとしての日本型経営の優位性が改めて注目されるようになっている。本書においては、日本型経営の強さの根幹にある行動原理を分析し、それらを今日的文脈において生かすことによって、モティベーション危機を脱し、新たな価値の創出を促進し、業績の改善につなげていく方策を提示したい。

第2章

日本型経営
―何が変わり、何が残るか

1 はじめに

次項で定義するような「日本型経営」は、第二次世界大戦後の半世紀の間、日本経済の発展に大きく貢献した。特に1960年代の高度成長期には、日本型経営は、高い生産性の達成を可能にし、日本企業の国際競争力を高め、日本経済が驚異的な成長を遂げる上で重要な役割を果たした。しかし、日本経済が成熟期を経て低成長の時代に入ると、日本型経営のデメリットが顕在化するようになり、1990年代に入ると、従来型の日本的な諸慣行の見直しが進み、様々な経営改革が試みられるようになった。ところが2000年代になると、こうした改革を進めた多くの企業において、改革が行き過ぎたとして軌道修正を行い、部分的に元の制度へ回帰する動きが出てきた。

日本型経営には、経営の足枷となるデメリットがあるのと同様に、今後も維持されるべきメリットがある。1990年のバブル崩壊、長期の景気低迷を経て、2008年のリーマンショックと世界同時不況にいたる激動の四半世紀の間に、日本企業の経営はどのように変化したのか。また日本企業はこの間に何を学んだのか。本章および次章においては、過去四半世紀間の日本型経営システムの変容の実態に光を当て、現状を分析する。なお本章においては、企業内部のシステム、すなわち、人事・雇用制度および企業内部の意思決定について述べ、次章においては、企業と外部ステークホルダーの関係、すなわち、企業間ネットワークおよび企業統治システムについて述べる。

2 日本型経営とは

【1】日本型企業システム

日本型経営とは、広義には日本の大規模組織において踏襲されてきた経営慣行全般を指す言葉として用いられる。これらの経営慣行は、日本型企業システムともいうべき1つの制度を成しており、このシステムは、①企業と従業員との関係を律する人事・雇用制度、②企業内部の意思決定の制度、③系列・企業集団を中心とする企業間取引制度、および④企業統治の制度、の4つの制度によって支えられているといわれる。これら4つの制度は、お互いに支え合ってシステムとしての日本型経営を形成しているのである。さらに、これらの制度は、第3章で述べるように、日本特有の経済諸制度と深く結びついており、これらの制度は全般に、第4章で述べるように、信頼に基礎をおく社会関係資本によって支えられている部分が大きい。

狭義には、日本型経営は「終身雇用」、「年功序列」、「企業福祉制度」（健康、住居、子弟の教育など、仕事以外の領域にわたって包括的に従業員の面倒を見る制度）を特徴とする「人事・雇用制度」を指すことが多い。この人事・雇用制度は、日本型企業システムの中核にあり、他の3つの制度と密接に関わり合って機能している。

日本型経営の特徴とされる諸慣行は、日本企業に固有のものではない。これらは、日本以外の国の様々な組織においても見られる。長期安定雇用、先任権（セニョリティ―勤続年数によって決まる優先順位）、内部昇進などは欧米の中央政府、地方政府、あるいは軍隊などの官僚組織においても見られる。(1) また欧米の民間企業においては、ブルーカラー職、すなわち労働組合に所属する職における昇進は、概ね先任権によって決まる。しかしながら、日本においては、こうした制度が民間企業において、組織全般にわたって広範に、またより規範的に実施されてきた。これは他国には見られない慣行である。

また企業福祉制度に関しても、第5章で述べるように、アメリカやイギリスでも19世紀末から20世紀初頭にかけて温情主義的な経営者による企業福祉の試みも見られた。しかしこうした家族主義的な経営者はあくまでも少数派で、先駆的な試みの多くは挫折したり、消滅したりしたため、その国の雇用制度全体の性格を変えるような影響力を持つに至らなかった。これに対し、日本では、多くの大企業においてこうした制度が一般的なものとなり、日本の雇用制度を特徴づけるようになった。

後で述べるように、日本型経営の歴史的背景は徳川封建時代にまで遡ることができるものもあり、個別の慣行の源泉は多岐にわたっている。様々な源泉に由来するこうした慣行が、第二次大戦後、近代的な大組織に組み入れられることによって受け継がれ、現在われわれが日本型経営と呼ぶ経営方式が形成されていったのである。このようにして確立された日本型経営は、高度成長期から１９８０年代にかけて最も広範に実践され、効果的に機能した。

しかし、１９９０年代以降、日本経済がバブル崩壊を経て低迷期に入ると、その弊害が目立つようになった。多くの企業でリストラが進められる中、日本型経営の具体的制度１つひとつが変革の対象となり、従来型の諸慣行が徐々に見直されていった。しかしながら、新しく導入された制度の中には、効果的に機能して業績の向上に貢献したものもあったが、一方で期待した効果をもたらすことなく、むしろ新たな問題を発生させたケースも少なくなかった。その結果、２０００年代になると、こうした改革が

(1) Dore, R.（1973）*British Factory—Japanese Factory: The Origins of National Diversity in Industrial Relations*, Berkeley, CA: Univ. of California Press, p. 338.（山之内靖・永井浩一訳『イギリスの工場・日本の工場—労使関係の比較社会学』筑摩書房、1987 年）

行き過ぎたとして軌道修正を行い、元の制度に戻す動きも出てきた。本章で焦点を当てる成果主義型の人事制度もそうした軌道修正の対象となっている制度の1つである。

本章においては、まず日本型経営の歴史的源泉と制度形成の歴史的背景を振り返り、次いで日本型経営を構成する主要な制度である人事・雇用制度および企業内部の意思決定の制度について、それらがどのようなもので、また現在どのように実施されているのかを見ていく。

【2】日本型経営の歴史的背景とその源泉

日本型経営を構成する具体的な諸慣行の歴史的背景を辿ると、その原型を徳川封建時代にまで遡ることができるものも多いが、一方で19世紀末から20世紀初頭の日本の近代的産業の勃興期に形成されたものもあるし、また第二次大戦後に確立されたものもあり、その源泉は多岐にわたる。以下、そうした源泉のうち、主なものをあげる。

① 徳川封建時代にまで遡ることができるもの

割合としては、わずかであるが、徳川封建時代の慣習、特に商家の慣習を直接踏襲したものもある。商家の丁稚制度や手工業の徒弟制度における慣習のいくつかはそのまま受け継がれた。盆・暮のボーナスの制度がその1つである。封建時代の丁稚や徒弟は、年に2回、盆と暮に休暇をとって親元に帰ることを許され、そのときにボーナス（通常「仕着せ」と呼ばれるもの）をもらった。このボーナスの慣習は現在でも実施されており、ほとんどの日本企業は、正規雇用者に対して、6月と12月にボーナス（会社の業績によって変動するが、月給の1・5倍から2・5倍であることが多い）を支払う。

② 19世紀末から20世紀の初頭にかけての日本の近代的産業の勃興期に形成されたもの

日本の企業組織、あるいは官僚組織の特徴とされる終身雇用、年功序列、企業福祉制度等の慣行は、この時期に形成され、第二次大戦後、近代的な大組織に組み入れられることによって、日本の大企業の経営方式として受け継がれてきた。その中には、以下のように、徳川封建時代の制度を意図的に近代的な大組織に適合させたものもある。

a. ①大家族的組織、②その中での臨時雇いの雇用者と終身雇用の雇用者の区別、③年功賃金、④親子関係に倣った温情的な関係、などは、封建時代の商家や農家の慣習を受け継いだものである。

b. 中国や日本で古くから行われ、徳川時代に制度化された五人組制度による集団責任や集団的監視のシステムは、19世紀末に官営工場が払い下げられた後の民間企業で、職長が労働者を管理、指導するための作業班制度として適用された。こうした仕組みは、現在の自動車製造業などで使われているワークチームの制度に通ずるものである。(2)

③ 第二次大戦後の復興期に形成されたもの

日本型労使関係を支える企業別労働組合がほとんどの大企業で適用される制度として確立したのは、第二次大戦直後のことである。1945年に労働組合法が制定され、労働組合が日本で初めて法的に認められ、労働者の団結権、団体交渉権、およびストライキ権が保障され、各企業別に労働組合が組織された。軍需生産が廃止される中、各企業別に組織された労組は、従業員の雇用の維持を最優先の要求事項とした。労組の組織率の上昇に伴い、従業員の発言力は増大していった。1950年代には、人員整理をきっかけとして大規模な労働争議が起きるようになった。こうしたいくつかの大争議を教訓として、

(2) 前掲（1), pp. 381-382.

日本企業は終身雇用制度を定着させていった。つまり終身雇用を保障する代わりに労働組合に対して経営側に協力的であることを求めた。この結果、労使双方の信頼関係が重視されるようになり、人員削減に対する強い抵抗感が定着し、削減はタブー視されるようになった。同時に労働組合を企業単位で捉えることが定常化し、企業別組合が定着していった。

さらに、従業員が内部昇進によって経営幹部ポストに就くという慣行が形成されたのも第二次大戦直後のことである。終戦後、政府は、経営協議会を通じて従業員が経営に参加することを奨励し、経済再建にあたっては従業員の役割を重視する姿勢を明確にした。つまり従業員の地位から内部昇進して経営者の地位に就いた経営陣と従業員とが協議して企業の運営にあたるという構図であった。経営者が内部昇進者によって占められるという慣行は、1947年に実施された「パージ」で、戦争に関係した経営者および財閥関係者である経営者が公職より追放されることにより、さらに徹底された。日本の大企業では内部昇進者が幹部ポストの多くを占めるという傾向は現在に至るまで続いており、ポール・シェアードの調査によれば、上場企業の役員のうち約4分の3が内部昇進者である[3]。つまり日本企業の経営者の多くは従業員出身で、平社員から出発して組織の中の階段を昇進してきた人達である。これは、欧米企業とは異なる日本企業のきわだった特徴である。

④ さらに企業福祉基金のように外国から輸入されたものもあったし、また日本独自の発明もあった

①および②であげられた制度はその源泉を徳川封建時代の慣習に見出すことができるが、こうした場合も伝統的な慣行が、そのまま全般的に継続したのではなく、意識的な取捨選択があった。こうした慣

(3) ポール シェアード（1997）『メインバンク資本主義の危機：ビッグバンで変わる日本型経営』東洋経済新報社、125頁。

行は近代的な大組織に適合するように修正されていったのであるが、しかしながら、これらの慣行の背後にある価値観、意識、イデオロギー、行動様式には歴史的な継続性が見られる。すなわち、その多くは第4章で述べるように日本独自のイエ制度に由来するもの、あるいは擬似イエ的な共同体としての組織の形成に資するものであった。特に武士の行動規範のよりどころとなった儒教倫理は、明治維新以降も日本社会の倫理的な基盤となり、人々の組織における行動規範に大きな影響を与えた。儒教の徳目である「忠」に倣った武士の大名に対する忠誠心は、近代的な企業においては、サラリーマンの上司あるいは会社に対する忠誠心として生き続けたといわれる。また日本型経営慣行の根底にある性善説的アプローチは、儒教倫理の「徳」の概念に由来するといわれる。こうした価値観やイデオロギーは日本型経営の理念に大きな影響を与えた。

3 組織経営―理念型と現状

【1】人事・雇用制度

日本型の人事・雇用制度とは、終身雇用、年功序列、企業福祉制度など、日本の大企業において伝統的に踏襲されてきた経営方式を意味するものである。このような日本型経営は日本の大企業においてこれまで典型的に見られてきた制度であって、中小企業においては必ずしもこうした制度が大企業におけるほど完璧な形態で実施されてきたわけではない。特に零細企業においては、こうした制度を長期的に維持していくに十分な資本の蓄積を持たないところが多い。２０１２年現在で、日本の総企業数３８５

万社のうち99・7%が常用雇用者300人以下の中小企業であり、0・3%が大企業である。[4] 日本の労働人口の約7割の人が中小企業で働いている。大企業で働いている人は約3割である。しかしながら、典型的な日本型経営は、戦後半世紀の間、中小企業をも含めた民間企業が規範とすべき理念型であると見なされてきた。その意味で日本型経営は、日本においては、大企業で働く人々にとってのみならず、日本社会のあり方に大きな影響を与えてきたのである。

(1) 終身雇用

「人事・雇用制度」は日本型経営の中核にあり、その最も特徴的な慣行の1つが「終身雇用」である。「終身雇用」とは、企業が正規社員を新卒採用した場合、特別の事情がないかぎり、定年年齢に達するまで安定的に長期継続して雇用していこうとする「慣行」のことで、日本型人的資源管理の根幹をなしている制度である。日本の終身雇用制度は、明文化された契約によるものではなく、企業と社員の間で特別に意識されることなく持続している暗黙の協約である。

長年にわたって終身雇用を慣行としてきた日本企業においても、1980年代に始まったリストラ以来、余剰人員の削減への圧力は高まっている。しかし現在でも日本企業は「雇用の安定」を重視する傾向が強く、正社員の解雇は極力避けるのが規範となっている。業績が悪化して雇用調整が必要になった場合の最も一般的な選択肢は、非正規社員の解雇である。正社員に対しては、早期退職優遇制度、子会社や関連会社への在籍出向、配置転換などの制度を使って人員調整を行うが、解雇は避けるのが一般的である。

しかし、2008年の米国のサブプライムローン問題に端を発した世界同時不況以来、長年にわたって終身雇用を慣行としてきた日本企業の間でさえも、会社の倒産、部門の閉鎖に伴って正社員の解雇を

(4) 経済産業省「中小企業・小規模事業者の数」(http://www.meti.go.jp/)2012年2月時点。

余儀なくされる企業も増えている。しかしそれでも日本の経営者は、欧米の経営者に比べると解雇に対してより大きな抵抗を感じるし、また日本企業が解雇の決定をするまでにはより慎重な検討がなされる。このような政策は、日本企業の海外拠点においても採用されている。これについては、第5章で詳しく述べる。

企業を対象としたアンケート調査の結果によると、今後も終身雇用を維持すると答える企業の割合は1990年代には低下の傾向を示し、1998年には56・2%、1999年には33・8%にまで低下した。しかし、これ以降は増加に転じ、V字型カーブを描いている。労働政策研究・研修機構が2005年に企業を対象に行った調査によれば、製造業では95%以上、卸売り・小売業・飲食店、サービス業では90%前後が長期雇用を重視すると答えている。「長期雇用の重視」の傾向は製造業で最も強く、次いで卸売り・小売業・飲食店、次いでサービス業となっている(5)。また大企業と中小企業とを比べると、大企業の方が長期雇用を重視する傾向は強い(6)。

一方、社員の間では終身雇用を望む声が強くなる傾向にある。産業能率大学が2009年に入社した新入社員を対象に実施したアンケート調査によると、終身雇用制度を「望む」とする新入社員が73・5%に達し、過去最高となった(7)。また2008年に行われた労働政策研究・研修機構の調査では、終身雇用を支持する人は86・1%であった。厳しい雇用情勢が続く中、社員の側での雇用不安は増大し、その結果「安定志向への回帰」が強まる傾向にあることを示している。

こうした統計を総合してみると、大半の企業が「忠誠心やコミットメントを醸成する」、「長期的人材育成が可能である」といった長期安定雇用のメリットを評価し、終身雇用の重要性を認めている現状が見てとれる。多くの企業は、終身雇用制度は維持したいと考えており、こうした企業においては、良好

(5) 厚生労働省「第2節 企業経営と雇用管理の動向」『平成20年版 労働経済白書（労働経済の分析）』（www.mhlw.go.jp/wp/hakusyo/roudou/08-2/dl/03_0002.pdf）2005年。
(6) 社会実情データ図録「図録終身雇用についての企業意向」（http://www2.ttcn.ne.jp/honkawa/3800.html）。資料出所：厚生労働省「雇用管理調査」2002年。
(7) 日経BPネット「今年の新入社員の7割は終身雇用制度を希望、産業能率大学調べ」2009年6月22日。

な業績が続くかぎり、正社員の長期雇用は堅持されるものと考えられる。厳しい経営状態にある企業においても、終身雇用という制度を捨てるのは、あまりにも衝撃が大きいと感じている企業は少なくないであろう。こうした企業にとっての選択肢は、給与水準を下げてもできるかぎり長期雇用を維持するということになろう。

(2) 年功序列

伝統的な日本型雇用制度においては、昇進昇給は年功序列（入社してからの在籍年数によって決まる序列）に基づいて行われる。伝統的な日本型雇用制度の中心にある「年功給」は、もともと「生活給」の概念に根ざすものであった。戦後の貧困耐乏経済の中で人件費の総額を抑えながら、全員に日々の糧を分け与えることを目的として作られた制度であった。階層間の給与格差を小さくし、ライフ・ステージごとの生活上の必要性に応じて給与水準を上げていくという「共同体的」、「社会主義的」な制度である。たとえば、子供の教育費支出が大きくなる40代の給与を高くするためには、若年層の給与をある程度抑えざるを得ないといったことが給与水準を決める要因となる。

日本企業においてこれまで最も一般的であった給与体系は、「年功型職能給」（たとえば、年功給65％、職能給35％などの割合で年功給と職能給を組み合わせる）と呼ばれるものであり、さらに役職も年功（入社以来の在籍年数）とリンクしていることが多いので、給与は全体として年功によって決まる部分がきわめて大きい。このような制度のもとでは、仕事における成果が、直接報酬に反映されるということはない。典型的な年功型職能給の場合、入社後10年、あるいは15年まで同期に入社した社員の給料、ボーナスはほとんど同額ということになる。それ以降、つまりある年齢以上は、このような年功型のシステムを用いている企業においても、能力と成果が昇進の決定における重要な要因となり、それに伴って同期入社者の間にもポストの違いによる給料の格差が生まれる。どの年齢まで年功型かということは個別企業によって異なる。通常、40代には能力によって同期入社組の間でも就いているポストにかなりの差が出てくる[8]。

年功序列制度のもとでは、ある一定の年齢までは業績評価が処遇に反映される度合いは小さく、したがってフォーマルな人事考課の必要性は低く、人事考課と昇進の頻度は低い。後で述べるように、この20年間に人事制度における様々な変革が行われ、多くの企業で年功型の給与制度についても修正が加えられた。しかし一方、現在でも従来型の年功型職能給の制度を採用している企業もあり、そうした企業においては、上記のような仕組みによって給料が決められる。こうした日本企業とは対照的に、ほとんどの米国企業は、業績評価のためのフォーマルな書面による採点のシステムを使用しており、これに基づいてメリット昇給や昇格を決定している[9]。大多数のアメリカ企業においては、組織運営の最小単位における責任者が、直属の部下についてフォーマルな採点制度によって、定期的に（6ヶ月ごととか毎年とか）業績を評価する。この評価に基づいて報酬や昇降格などの処遇が決定される。

日本型組織では、年功序列とそれに基づく縦の責任の連鎖より成る縦構造が昇進の経路となる。社員の多くはジェネラリストとして採用され、専門分野に関わりなく組織内部で横に異動できる可能性は欧米企業に比べて高い。職務は余り専門化されておらず、また専門職（プロフェッショナル）としての昇進の道が制度として確立していない場合が多い。専門職としての企業間移動はあまり一般的ではない。

先に述べたように、１９９０年のバブル崩壊以降、多くの日本企業において、人事制度における様々な変革が実施された。１９９０年代から２０００年代の初めにかけては、それまで一般的であった年功

(8) 高橋伸夫（2004）『虚妄の成果主義：日本型年功制復活のススメ』日経 BP 社。
(9) 渡辺聰子（1997）『ポスト日本型経営―グローバル人材戦略とリーダーシップ』日本労働研究機構、66-67 頁。

型職能給に代わって、職務の内容と価値によって処遇を決める「職務給」の考え方を取り入れる企業も増えた。本章の「4 成果主義」の項で詳しく述べるように、欧米のような体系的な職務給制度が全社的に取り入れられたわけではないが、「職務給」の概念をたとえ部分的にでも適用することにより、ジェネラリストとして組織の階段を上っていくことを目指さない専門職志向の社員を業績に応じて処遇することが可能になった。

また1990年のバブル崩壊に続く景気低迷期には、従来型の人事制度のデメリットが強く認識されるようになり、多くの企業において年功序列の制度が見直されるようになり、年功型に代わって成果主義型の人事制度を導入する企業が増えた。しかし2000年代になると、いったんは成果主義を導入したものの、期待した効果が得られないため、制度を再び見直し、軌道修正を図る企業が増えた。成果主義の導入とそれにかかわる諸問題については、後出の「4 成果主義」の項で詳しく述べる。

(3) 採用

日本の大企業の伝統的な採用の形態は、特徴のあるものである。つまり、正社員の大半は、長期雇用を前提として、新規学卒者（新たに高校や大学を卒業する人たち。以下「新卒」という）として卒業と同時に毎年4月に定期的に一括採用される。こうして採用された社員は、特別の事情がないかぎり、定年までその企業に継続的に勤務するというのが日本における従来の慣行であった。

しかし現在では、新卒一括採用の制度によって採用された新入社員の何％かは採用されてから1～2年以内に離職する。こうした現象はここ半世紀以上続いているが、採用されて3年以内に離職する人の割合は、半世紀の間に増加し、ここ20年くらいは、新規に採用された人の30％程度が3年以内に離職するという傾向が続いている。若年層の離職率の上昇は、彼らが彼ら以前の世代の人々よりも、自己実現を重視し、仕事の内容にこだわり、自分の生き方を自由に選択するようになったこと、また以前の世代ほど忍耐強くなくなったことによるといわれる。こうした離職者を除く残りの人々の大半は、定年年齢まで勤める。

新卒として入社して1-2年で離職して、もう一度職探しをする人たちは、以前は「既卒」として中途採用枠に応募しなければならなかったが、近年では多くの企業が新卒採用枠への再度の応募を認めるようになった。こうした応募者は、「第二新卒」と呼ばれる。

バブル崩壊から2000年代初めにかけての長期の経済停滞の中で、多くの企業で経営状況が悪化し、雇用の安定も大きく揺らいだ。しかしながら、企業の競争力を担う人材の採用や育成は企業にとって重大な関心事であり、長期的視点から計画的に新卒を一括採用し、企業内でのオン・ザ・ジョブ・トレーニング（職場内教育、ＯＪＴ）や人員配置を通じて人材を育てるという基本的な方針は、多くの日本企業において継続されるものと考えられる。

しかし一方で、産業構造の変化に伴い、高度に専門的な資格や知識や技能を必要とする職種に対する需要が増えており、近年ではこうした職種においては中途採用が行われることも多くなっている。労働政策研究・研修機構が2005年に企業を対象に行った調査によれば、製造業、および卸売業・小売業・飲食店では新卒採用を重視する傾向が強いのに対し、サービス業では中途採用に積極的な姿勢が見られる。この調査によれば、「新卒採用を重視する」と答えた企業の割合から「中途採用を重視する」と答えた企業の割合を引いた値は、製造業で最も高く、次いで卸売業・小売業・飲食店であった(10)。サービス業では、他の産業に比べ、専門的知識やノウハウを持った正社員を即戦力として中途採用すること

（10）前掲（5）。

に積極的な企業が多い。

(4) 企業福祉

日本企業においては、年金、医療保険、退職金、住宅手当(あるいは社宅)、家族手当、レクリエーション、福利厚生施設など幅広い領域にわたって様々な福祉が提供されてきた。こうした制度は、戦後の日本において、企業、特に大企業が積極的に企業福祉の充実を図ったことによって形作られた。日本においては、欧米に比べると国家による社会福祉の整備が遅れがちであり、政府は社会福祉を企業の家族主義的経営に依存することになった。

日本の主要な社会福祉が企業によって提供されてきたため、多くの福祉給付は「組織の成員としての個人」に供与される仕組みになっている。さらに、こうした企業福祉は主として正社員を対象としたものである。このため、大組織に所属しない人々、失業者、非正規雇用者、不完全雇用者などは、十分な社会福祉サービスを受けることができない。欧米の福祉国家においては、個々の市民を単位として個々人を対象に政府が福祉サービスを提供するということが従来より行われてきた。雇用形態が多様化していること、大組織に所属しない人々が増加していること、また終身雇用を維持できなくなっている企業も少なくないこと、などの理由により、日本でも国家が社会福祉において果たさなければならない役割は大きくなっている。

多くの企業はこれまでの企業福祉の制度を維持している。一方、成果主義導入などの変革に伴って、退職金の前払い(これまで退職時に退職金として一括払いしていたものを分割して入社時から月給に上乗せして支払う)や、扶養家族手当の見直し、などを進めている企業も少なくない。

ここ十数年来、多くの先進国では「仕事と生活のバランス（ワーク・ライフ・バランス）」を重視する「家族に優しい」労働関係法が制定されており、こうした法律の制定により、企業は乳幼児を抱える従業員に対するフレックス・タイム、有給病欠休暇、出産・育児にかかわる休暇の制度などをよりいっそう充実させることを求められている。こうした先進各国の動きに歩調を合わせる日本政府の要請に応えて、日本企業も出産・育児にかかわる休暇の制度をよりいっそう充実させるべく努力するようになった。2005年には改正育児・介護休業法が施行され、1年6ヶ月（それまで最長1年であった）の育児休業が取得できるようになった。育児休業取得率は、2001年には女性で49・1％、男性で0・12％であったが、2005年には女性で72・3％、男性で0・50％、2012年には女性で83・6％、男性で1・89％となり、上昇している。[11]

(5) 企業別労働組合

日本の労働組合は1つの企業を単位に結成されている企業別労働組合である。つまり企業ごとにその企業に雇用されている社員（通常正社員）をメンバーとして組織される。欧米では、企業の枠を離れて、同種の産業ごとに労働者が集まって横断的に組織される職業別あるいは産業別労働組合が一般的である。こうした組織形態の違いは、労働組合の活動のあり方にも影響を与える。日本の労働組合は欧米の労働組合に比べて、企業との関係において協調的である。日本型経営の初期の研究者であるジェィムズ・アベグレンは著書 *The Japanese Factory*（『日本の経営』）（1958年）の中で、終身雇用、年功序列、および企業別組合の3つを日本的経営の特徴としてあげているが、欧米の研究者にとっては日本の企業別組合は、欧米には見られない協調的な労使関係の中核となる特異な制度である。[12]

(11) NISSAY「第 44 回 育休取得率は男性「1・89%」・女性「83・6%」(2012 年)」(https: //www.nissay.co.jp/enjoy/keizai/44.html) 2013 年 10 月 1 日。育児休業取得率＝調査時点までに育児休業を開始した者（開始予定の申出をしている者を含む。）÷調査前年度 1 年間の出産者（男性の場合は配偶者が出産した者）の数。

(12) Abegglen, J. C.（1958）*The Japanese Factory: Aspects of Its Social Organization*, Glencoe, IL: Free. Press（占部都美監訳『日本の経営』ダイヤモンド社、1958 年）

先に述べたように、第二次大戦の直後、1945年に労働組合が日本で初めて法的に認められ、多くの企業で労働組合が結成された。当時は組織率（全労働者中に占める労働組合員の比率）は60％以上に達していた。しかし組織率は年々低下し、1960年代には30数％、1990年代には25％を切り、2012年には18％に下落した(13)。組織率の低下傾向は多くの先進国で見られる(14)。

労組組織率の低下の背景には以下のような理由があると考えられる。第二次大戦後から1950年代の高度成長期にかけて、つまり日本人の生活水準が低かった時代には、労組の賃上げ闘争は労働者の生活水準の向上に大いに貢献し、労働者にとって大きな意味を持った。しかしやがて、日本企業の賃金水準は上がり、人々の生活も豊かになっていった。同時に日本経済も成熟段階に入り、多くの産業分野で市場が飽和状態に達し、経済成長率も低下した。その結果、これまで労働者が期待していたような恒常的な賃金の引き上げは困難になり、労働組合は春闘などで十分な成果をあげられなくなった。さらに政府・地方公共団体などの社会保障制度が向上するにつれて、労働組合の役割は縮小していった。

それに伴って労働組合の活動に時間を割くことを好まない組合員が増え、また特定政党への選挙協力を嫌がる人も増えた。さらに長期的な景気低迷により、会社や部門の統廃合、人員削減などが進み、解散を余儀なくされる労働組合も増えている。

先に述べたように、正社員の労組組織率は低下しているが、パートタイム雇用者の組織率は年々増加しており、2005年には3・3％であったが、2012年には6・3％に上昇した(15)。一定時間以上働くパートタイム雇用者に労組加入を許可する企業も増えており、彼らの労働組合への加入は彼らの労働条件の改善に寄与すると考えられる。

（13）社会実情データ図録「図録労働運動（労働組合・労働争議）の推移」（http://www2.ttcn.ne.jp/honkawa/3810.html）2013年2月11日。
（14）社会実情データ図録「図録労働組合組織率の国際比較」（http://www2.ttcn.ne.jp/honkawa/3817.html l）。資料：OECD（2011）Economic Policy Reforms 2011: Going for Growth.
（15）MSN産経ニュース「労組組織率、過去最低の17・9％ 女性やパートは増」2012年12月18日。

【2】企業内部の意思決定

(1) 稟議制度と集団合議とボトムアップ

日本の組織に典型的な意思決定システムの特徴は、集団合議による決定と集団責任の体制にあるといわれ、多くの組織において稟議《りんぎ》制度と呼ばれる集団合議の手続きが用いられている。稟議制度とは、各部門から多段階の合意形成を経て持ち上がってきた案件を、最終的には集団合議制によって「全会一致方式」で決定するというものである。稟議制度の歴史的な由来は、伝統的な官庁行政の官僚的な運営方式にあるといわれる。この官僚的な運営方式とは、事業や運営に関する計画案を下部機関で作成し、書面を関係部署や上部機関に回付して承認あるいは決裁を求めるものである。

これは日本企業独特の意思決定の方法である。欧米の官僚制ピラミッドでは、意思決定は最上位で行われて後、それが実行される下のレベルへ伝達される。労働者や消費者からのフィードバック、政府規制や競争状況など関する情報は下から上がり、トップの決定はこうした情報を組み入れた上でなされる。これに対し、日本的な稟議制度においては、決定は検討中の案件に近い人々のグループによって行われることが多い。

稟議制度がどの程度実施されているかは、業種により、また個別企業により異なるものの、日本企業の8－9割が稟議制度を用いているといわれている。この制度にはメリットもデメリットもある。

①メリット

会議を開かず、稟議書を持ち回る、または回覧するという方法なので、関係部署に周知徹底を図ってから決定することができる。したがっていったん決定がなされれば、通常、その決定は迅速に伝達され、実行の速度はきわめて早い。さらに、最終決裁者までの各階層の関係者全員が決裁事項に関して事前に了解し、情報を共有しているので、動員が容易で執行がスムーズにいく。

重要事項の稟議に参加し、その事項にかかわる職務を担当したからといって、そのことが経営上の意思決定に参画することを意味するものではない。しかしながら、稟議制度は、組織全体の意思決定に何らかの関与をすることができたという印象を関係者に与え、個人のモティベーションを高め、個人が実行プロセスにおいて力を発揮するという効果を生むことがある。

さらに稟議制度は、フォーマルな権限や責任関係に依拠することなく、仕事の担当者が上位の管理者の経営業務に実質的に参画することができるという意味で、ボトムアップ的な意思決定を可能にする。日本の多くの組織においては、通常、各種の問題提起や解決案の作成は、大きな権限を持たない第一線の担当者（通常は中間管理者層）が起案し、これを関係各部署に回議、合議し、捺印した内容の実施を、文書（稟議書）によって上位の管理者に上申し、その決裁を仰ぐ。上位者はこの書類によって下位者の総意を確認し、採否を決める。関係者が気づかなかった他部門の決定や事情と衝突するものでないかぎり、上位者は持ち上がってきた稟議書に対して口出しをしないで承認を与えるのが通常である。案件が決裁されれば、決裁事項は実行に向けて関係部署に戻される。このようなプロセスにより、ボトムアップ的な意思決定が可能になる。さらにこうした可能性は、中間管理者など実際の担当者のモティベーションを増進する効果があるといわれる。

②デメリット

稟議制度のデメリットとしてまず第1に指摘されるのは、決定までに期間がかかることである。会社によって、権限規定、あるいは各部門に権限委譲されている金額や内容は異なるが、日本では権限委譲が進んでいない企業も多い。こうした企業においては、グローバルな視点から見るとそれほど大きな案件でもないのに、部長や本部長クラスでは決定できず、稟議手続きを経なければ許可されないということがしばしば起きる。

たとえば、新規事業を立ち上げるといった案件を申請する場合、経営にかかわる業務部、パートナーの信用状態などを査定する審査部、資金手当を行う財務部、人事異動を伴うので人事部、経理業務も出てくるので経理部、法律関係の検討も必要なので法務部、などが事務局として審議に参加する。これら部局は、現場と違い、第三者であるので、現場は彼らを説得するために、資料や説明書を作らなければならない。現場の部内だけなら、基礎資料以外は口頭での説明で済むが、他部門が関係する場合には膨大な書類が必要になる。各部門において窓口担当者、審査担当者、それを了承する課長、部長、本部長と4-5人がその書類を見た上で、承認なら捺印し、問題点があれば申請者に差し戻したり、説明を求めたりする。

こうして、4つか5つの事務局を、この書類は順番に回っていき、その後やっと、たとえば投資委員会という会の構成役員（たとえば5人）の承認を受けることになる。案件によっては取締役会の承認が必要になるので、次の取締役会までまた1ヶ月を要するかもしれない。この間、たとえば20人から30人の人がこの書類を見て捺印するのである。したがってそれほど大きな案件でなくても、現場で準備するまでに数ヶ月以上、さらに決済までに数ヶ月以上かかることも珍しくない。技術の進歩や経営環境の変化がめまぐるしい現代においては、迅速に意思決定しないと、タイミングよく新規事業の立ち上げなどができず、競争相手に先を越されたり、実現したときにはすでに時代遅れになっているということになりかねない。

さらに稟議制度は関係者全員の承認を得て決定がなされるという集団責任の体制なので、責任の所在が曖昧になり、責任回避につながることが指摘されている[16]。特に、計画や企画が失敗した場合には関係者の間で「痛み分け」することになり、集団的無責任の温床になりがちである。稟議制度が維持される背景には、誰も1人でリスクをとりたくないので、みんなで了承印を押して責任を分担しようという気持があるからだといわれる。たとえば、決済が社長まで行くような案件では、問題が起きたとき、社長は「専務が捺印しているから押したんだ」と言えるようにしておく必要があり、専務は「社長だって捺印してるじゃないですか」と言えるようにしておきたいという具合である。つまり、稟議制度のもとでは、計画や企画などが失敗した場合には責任の所在が不明確のままに終わってしまうということにもなりかねないし、システムが責任回避の手段として悪用されることにもなりかねない。

(2) 効率化のための改善策

決裁参加者が多いということは稟議制度に内在する問題点の1つである。制度のメリットを考慮するとやむを得ないという意見もあるが、「時間がかかり過ぎる」あるいは「責任の所在が曖昧になる」というデメリットを指摘する人は多い。多くの企業において状況を改善するための努力がなされている。決裁までの時間を短縮するため、稟議参加者の人数を減らす企業は多い。伊藤忠商事では稟議書を回議する部署の数を大幅に削減し、必要な印鑑の数を3分の1以下に減らしたという[17]。さらに、組織変革に

(16) 澤田道夫 (2005)「稟議制批判論についての再考察—意思決定の類型から見たその効用と限界」『アドミニストレーション大学院紀要』第2号、1-44頁。
(17) 2000年7月に実施された丹羽宇一郎・伊藤忠商事社長（当時）との面談による。

より、組織のフラット化を図っている企業も少なくない。せっかく社内電子メール網を完備しても、管理職の数が多く、稟議先が多いままでは、意思決定に時間がかかる現状は変わらない。しかし組織を簡素にすることで、意思決定や情報伝達のスピードを上げることができる。ガラス製造業の日本板硝子では、事業の責任と権限とが明確に結び付いたフラットな体制を目指して次長や課長、係長を廃止し、管理職250人の肩書を外すという改革を行った(18)。

一方、稟議制度は運用次第でボトムアップに有効であり、下からの発案を社内の専門家の意見を聴取して決裁者が決定するという合理的な制度であるという指摘もある。この場合、責任と権限の範囲を明確にすることが前提となる。具体的には、たとえば、企業の最高意思決定者である社長がすべての責任と権限を持ち、その権限を各事業部長や本部長に一部委譲する。そして権限の受権者はその委譲された範囲の中で決裁を任され、決裁のつど権限者である社長に決裁内容を報告するという体制を構築することにより、制度をより有効に機能させることができる。

4 成果主義

先に述べたように、従来型の日本的な経営慣行にはメリットと同様にデメリットもある。高度成長期にはメリットが前面に出てシステムは効果的に機能したが、経済の停滞期に入るとそのデメリットが顕在化し、経営の足枷になってきた。特に1990代初頭のバブル崩壊期以降は、日本型経営の問題点が強く認識されるようになり、従来型の諸慣行が見直されるようになった。多くの企業がリストラ策とあわせて様々な人事・雇用制度の改革を進めた。こうした過程で様々な欧米のシステムが導入されたが、

(18) 朝日新聞 (1996) 5月11日朝刊。

中でも、成果主義型の人事評価・報酬制度の導入は、最も広く実施された改革の1つであった。

しかし2000年代になると、いったんは成果主義を導入して10年、20年運用してみたが、「社員のモティベーションが上がらない」「人材が育たない」などの問題が発生したため、制度を見直し、軌道修正する企業も増えた。本項においては、日本企業における成果主義的な制度の導入の実態、および導入後に生じた様々な問題を明らかにし、さらにそうした問題に対して各企業でどのような対応策がとられたかを見ていく。

【1】「職務給」の導入

1990年代初頭にバブルが崩壊してからは、多くの日本企業で経営改革が試みられるようになったが、この頃から、「職務給」という考え方が多くの日本企業で取り入れられるようになった。本章の「3 組織経営─理念型と現状」の項で述べたように、日本企業においてそれまで最も一般的であった給与体系は、年功型職能給と呼ばれる制度である。日本型年功給は、もともと年齢別・生活費補償給の意味合いがあり、年齢（正確には入社後の在籍年数）に基づいて決められる部分が非常に大きい。職能給という言葉の本来の意味は、能力によって決まる給料という意味であるが、日本企業においては、役職に対する給料という意味に用いられ、さらには役職も入社後10年、あるいは15年までは主として勤続年数をベースに決まるシステムであるから、職能給といえども実質は概ね年功によって決まることになる。年功給も職能給もいずれも人に対して支払われる属人的な給料である。

これに対し、職務給とは、従事する仕事の内容や価値で決定される賃金である。欧米企業において広く取り入れられており、日本における属人的な「年功給」および「職能給」とは対照的な報酬制度である。

（1）欧米における「職務給」

欧米企業の6－7割が職務給制度を用いているといわれる。欧米における職務給制度は、職務記述と定量的職務評価制度に基づいて定められ、一般に以下のような手順を経て編成される。

まず、各企業における生産活動および組織の運営に必要と考えられるすべての職務について、その内容、要求される技術、労力、知識、責任、ノウハウ、問題解決能力、などが記述される。次に、各職務に関するこうした記述あるいは定義が分析され、評価され、仕事の難易度と重要性に応じて格づけがなされ、序列が付けられる。これが職務評価といわれるプロセスである。この序列にさらに組織内の縦の命令系統の連鎖にそってピラミッド型の体系的な構造を与えたものが職務のヒエラルヒーであるが、欧米企業では普通これを職階制度（job classification system）と呼んでいる。この職階制度は、従業員が企業内で低位の職から高位の職へと昇進していく経路を示す指針として重要な役割を持っている。また各職務の格づけに基本時間給などのレート、あるいは基本年俸を割り当て、職務序列を報酬の高低で表現すれば、階層構造を持つ職務給体系ができ上がるわけである。職務評価制度は、各々の職務が組織内の全職務の中で、相対的にどれだけの価値を持つかを体系的に評価するもので、賃金・給与および昇進政策の基礎を成すものである。

このような手続きを経て編成される職務給制度は、賃金の決定における説明性、客観性を高めることが目的の1つである。

（2）日本における「職務給」概念の導入

日本では、1990年代から、多くの日本企業において「職務給」という言葉が聞かれるようになったが、欧米で用いられているような全社的に適用される体系的な職務給制度がそのまま日本企業において取り入れられることはほとんどなかった。日本においては職務のローテーションの制度があり、互いに手伝いながらチームで仕事をする風土があり、欧米のような本格的な職務給制度はなじみづらい面がある。日本企業の間で起きたことは、仕事を基準に処遇を決めるという考え方が徐々に広がったこと、そして仕事の内容によっては、役職によってではなく職務内容によって給料を決める職務給制度を適用する職務カテゴリーを設ける企業が増えたことである。

たとえば事務機器、プリンター、カメラなどを製造する大手企業のC社では、1990年代後半に職務給の概念を導入した[19]。従来の職能給は組織の中の階段を上っていくことを目指す、つまりマネジメント志向のジェネラリストを前提としたものである。しかし、職務内容も仕事意識も多様化した現在では、組織の階段を上ることよりも仕事を充実したいと考える専門職（プロフェッショナル）タイプの社員もいる。「会社としても全員に組織の階段を上ってもらうことを期待しない」とC社の人事担当者はいう。職務給制度により、こうした人々に対する処遇が可能になる。1つ上のランクに昇進して業績が上がらないよりも、1つ下のランクにいたまま業績を上げる方が給料が高くなるように給与体系を設定する。そうすることによって、組織の中の序列を上らなくても、仕事において成果があがれば、それに報いるべく給料を上げることができるというのである。つまり、職務給制度の対象となる専門職カテゴリーの社員に対しては成果主義を適用することができる。

2003-2004年頃までには大手企業の多くが、何らかの形で職務給の考え方を導入したといわれる。

(19) 2007年1月、C社で人事担当者を対象に実施された面接調査による。

【2】成果主義の導入

（1）年功型制度のデメリットの顕在化

先に述べたように、日本企業においてこれまで最も一般的であった給与体系は、年功型職能給と呼ばれる制度であり、この制度のもとでは給与は全体として年功によって決まる部分がきわめて大きい。能力による給与格差の小さい日本型の人事システムには、欧米のシステムにない長所もある。特に大量生産体制のもとでの重要な戦力であったブルーカラーのモティベーションと帰属意識を高水準に保ち、組織の結束を維持する上で有効であった。しかしこうした能力平等主義は、その組織内で能力的にみて本来上層に位置すべき人々を動機づける上で深刻な問題をはらんでおり、こうしたシステムのもとでは、創造的能力やリーダーシップを持った人材を活用することはきわめて難しい。また、やる気のない人の「ただ乗り」を許し、やる気のある人のモティベーションを削いでしまうといわれてきた。

さらに、グローバル競争が激化する中、高度成長期を経て高くなった給与水準を保ちながら、年功序列、終身雇用の体制を、経済低迷期においても維持していくだけのコストを負担することは難しいと感ずる企業が多くなった。従来型の日本型経営の変革を試みる過程で様々な経営手法が海外から取り入れられたが、欧米型の成果主義の導入は、日本型経営の中核にある人事制度における重要な変革であった。

組織内の人員の能力を活用し、組織全体の業績を上げるためには、「成果主義」、つまり「仕事の成果を公正に評価し、その評価に基づく処遇をする」という原則に基づいて人事管理を行うべきだという考え方は、理念としては日本企業でも広く受け入れられるようになった。実際に、多くの問題を抱えるようになった従来型のシステムに代わるものとして、成果主義型の人事制度を導入する日本企業も増えていった。「他社が導入したから」という横並び意識も働いて、やがて成果主義は大半の企業で実施されるようになった。2009年に行われた調査によれば、上場企業の8割以上が何らかの形で成果主義を取り入れており、ボーナスに反映する企業は非常に多く、基本給に反映する企業もあった[20]。成果主義の導入により業績の向上が見られた企業も少なくない。たとえば日産自動車では、1999年の経営危機の際、カルロス・ゴーン社長の下で成果主義型の「コミットメント（必達目標）経営」を導入し、V字回復を成し遂げた。しかし一方、導入はしたが、期待した効果を得ることができず、成果主義の弊害に直面する企業も多かった[21]。ゴーン社長も2008年には「コミットメント経営」を修正する考えを明らかにしている。

(2) 成果主義導入によって生じた問題点

本来は、仕事における成果を報酬に結びつけ、社員のモティベーションを高め、組織に活力を与えるはずの成果主義であったが、必ずしも期待した結果を得ることができず、かえって問題を発生させることになったケースも多かった。それらの問題は以下のようなものであった。

①長期的視座が失われる

まず第1に、成果主義型の人事制度においては、目標管理制度を用いて一定期間内の業績を評価する方式が適用されることが多い。こうした制度においては、1年といった短い期間で成果を要求されるため、長期的な貢献を要する製品開発に取り組んだり、長期的な生産性の向上を目指すことが難しい。今後につながる新しい商品や技術を開発したとしても目標が達成できなかったり、売り上げが小さかった

(20) 日経ビジネスオンライン「それでも成果主義は止められない「成果主義に関する読者アンケート」が示す真実」2009年5月11日。
(21) 旭リサーチセンター「経営シリーズ 成果主義の光と影　成果主義の導入を振り返る」ARCリポート（RS-846）（http//www.asahi-kasei.co.jp/arc/service/pdf/846.pdf）2006年8月。

場合は評価が得られないので、自主目標の設定にあたっては、短期的なもの、かつ達成しやすいものを選ぶことになってしまう。目標を低く設定して100％の達成度を得て、評価点を高くしようとする傾向が生ずる。また社員の間で新しい仕事に挑戦する意欲が希薄になる可能性がある。[22]

さらにリスクが高い新規の商品や定番商品だけにしか人材が集まらなくなったり、安定した高い売り上げが期待できる人気商品や意欲的な商品を誰も担当したがらなくなったり、するることがある。また挑戦したい社員がいても、巻き添えで査定を下げられたくない雰囲気になるため往々にして反対意見が続出し、リスクが高いと考えられる商品の企画は通りにくくなる。そのため、製品ラインナップには人気・定番商品のみが並ぶようになり、革新的な商品が生まれにくくなる。その結果、組織にとっての長い目で見た成長が難しくなる。たとえばゲーム機器やゲームコンテンツの企画・開発・販売などを業務とするナムコでは2003年に成果主義を導入したが、このような問題が発生したと報告されている。

②評価の不公正によるモティベーションの低下

第2に評価の公正の問題がある。成果主義が効果的に機能するためには、評価の公正が前提となる。しかし、実際は、評価基準が曖昧であったり、評価が主観的・恣意的になったりして、評価される社員たちの不満が高まることも少なくない。個人の業績は、業界全体の業績や市場環境など必ずしも本人の努力ではコントロールできない要因の影響を受けることもあり、こうした要因のために個人の評価が低くなると、不満が生ずるという。[23]

日経ビジネス誌が読者を対象に2009年に実施したアンケートにおいて、「勤務先が成果主義型の制度を採っている」と答えた944人を対象に、「成果主義に基づく自身の評価に満足しているかどう

(22) NAVERまとめ「企業が導入している成果主義の問題点」(http://matome.naver.jp/odai/2136081827609510901) 2013年2月26日。
(23) 開本浩矢 (2005)「成果主義導入における従業員の公正感と行動変化」『日本労働研究雑誌』543号、64-74頁；前掲 (20)。

か」について尋ねたところ、「不満である」という回答は43・3%にのぼる一方、「満足している」という回答は16・2%にとどまった[24]。また成果主義の導入によって発生した弊害の内容について聞くと、最も多かったのは「評価の妥当性を欠いている」という回答（63・5%）であった。次に「長期的な仕事に取り組みにくい」（49・7%）、「チームワークが悪化した」（39・0%）、「部下や新人の指導育成がおろそかになった」（36・0%）と続く[25]。

評価に対する不満は、しばしばモティベーションの低下につながる。2007年に日経ビジネス・オン・ラインが行ったアンケート調査（回答者は読者1082人）において、「成果主義に基づいた人事評価制度は、あなたの仕事への意欲に影響を与えているか」を聞いたところ、「意欲を高めている」という回答は18%、「意欲を低めている」は41・4%、「特に影響を受けていない」は40・6%であった[26]。さらに2009年に日経ビジネスが行った調査で、「成果主義型の制度の導入後、仕事に対する意欲が向上したか」という質問に対しては、「向上していない」という回答が36・3%で、「向上した」という回答は16・1%であった[27]。

③チームワークの悪化

第3に、組織の結束や連帯感、あるいはチームワークに対する負の影響が懸念される。組織の仕事よりも個人の仕事を優先する傾向が強くなるため、会社としての大きな仕事が進みにくくなる。自分だけ業績が上がればいいと考える社員が増え、他人の仕事を手伝うことをしなくなり、横のつながりが希薄化する。他人あるいは他部署に技術を教えると、相手に成果をあげさせ、自分の相対的評価が下がると考える傾向が生ずる。そうなると同僚の間で、また先輩と後輩の間で技術の継承がなされなくなる[28]。

(24) 前掲（20）。
(25) 同上。
(26) 日経ビジネスオンライン「このままでは成果主義で会社がつぶれる」2007年12月10日。
(27) 前掲（20）。
(28) President Online「見えない選別！これが「価値急落の6種族」だ」2012年10月10日。

④人材育成がおろそかになる

第4に、管理職が自分の成果をあげることに注力するため、部下の育成がおろそかになるという問題が生じることがある。たとえば日本マクドナルドでは、2006年に「若手社員を伸ばし実力本位の企業文化を構築すること」を目的に成果主義の人事体系を導入し、同時に定年制や年功序列制度を廃止するなど抜本的な人事・賃金体系の変更を行った。しかし実際に導入してみると、経験豊かなベテラン社員が自身の成果をあげることを優先してしまい、若手社員の育成がおろそかになってしまったという。結局は時期尚早として2012年に制度を元に戻すことになったという[29]。

⑤差をつけることへの抵抗感

成果主義を導入する場合、通常、管理の単位である部署あるいはチームごとに人件費の総額は定められている。総人件費を増やさずに成果を上げたメンバーに良い報酬を与えるためには、彼ら以外の社員の報酬を減らさなければならない。成果に応じた処遇を厚くしようとすればするほど、一方でマイナス評価がついた社員の減給額を大きくしなければならない。年功型の人事制度に慣れている日本人の管理職は、こうした差をつけることに対して心理的な抵抗を感じる傾向があり、制度としては成果主義を導入したものの、実際には制度どおりの運用ができず、成果に応じた報酬格差がきちんとつかない中途半端な状態になってしまうことがある[30]。

(29) ニュース2ちゃんねる「マクドナルド「会社を成果主義にしたらベテランが若手に仕事のノウハウを教えなくなったでござる。」」(http://news020.blog13.fc2.com) 2011年9月25日。
(30) ライブドアブログ「読む人事制度：成果主義の問題点　差を付けられないメンタリティー」2010年1月20日。

【3】軌道修正―成果主義の多層的・選択的採用へ

(1) 導入した制度の見直し

2000年代になると、いったんは成果主義を導入して10年、20年運用してみたが、以上のような問題が発生し、現場に混乱と士気の低下をもたらしたため、制度を再び見直し、軌道修正を図る企業も出始めた。以前の年功型への回帰を試みる企業もあれば、成果主義を適用する範囲や度合いを限定する企業もあった。富士通では、1993年に成果主義を導入し、日本企業の中でも先駆的な取り組みとして注目されたが、その後業績が悪化し、2000年代初頭には大幅な軌道修正を余儀なくされた(31)。1990年代後半に成果主義を導入した三井物産でも、多くの問題が発生したため、2000年代初頭に軌道修正した。

IT製品に関するサポートサービス提供を社業とするキューアンドエー(Q&A)社では、1997年の設立当初から成果主義を採用し、業績も伸びていたが、2000年ごろから病気で入院したり、休職したりする社員が目立つようになった。会社は、成果主義型の人事制度が「社員にとってストレスになっているのではないか、人を追い込む経営は変えなければならない」と考え、年功型の給与制度を取り入れることにした(32)。基本給は生活給という概念で固定給とし、年功に基づいて額を決める。一方ボーナスは全額を成果で決める。特にサービス業では安心して働ける環境と仲間やチームを大切にする雰囲気が重要であり、こうした政策の一環として人事制度を考えるという(33)。

2009年の厚生労働省の調査でも、基本給の決定要素に「業績・成果」をあげる企業が大きく低下、成果主義の見直しが進んでいる実態が浮彫りになった(34)。調査は、従業員30人以上の企業6147社で実

(31) 城繁幸(2004)『内側から見た富士通「成果主義」の崩壊』光文社。
(32) TBS ニュースバード「IT 時代のサポート事業―目ざせ街の電気屋さん」2013 年 8 月 5 日放送。
(33) 同上。
(34) 厚生労働省「平成 21 年就労条件総合調査結果の概況」2009 年 11 月 5 日。

施され、4321社から回答を得た。基本給の決定要素として「業績・成果」をあげる社員の割合は、管理職においても非管理職においても大きく低下して半数以下になった。これに対し、ボーナスの決定要素については「業績・成果」をあげる社員が5割以上を占めた。厚労省・賃金福祉統計課は「成果主義は基本給で見直され、ボーナス部分で根付いたのではないか」と分析している。つまり、基本給については、その年の成果に基づいて決めるのではなく、従来からの年功型職能給とし、一方ボーナスはその年の成果を反映するものにする。さらに昇進や配属に関しては、長い目で見た業績によって決定する。このような体制に、多くの企業が落ち着くのではないかと考えられる。

(2) 評価の公正

先にも述べたように、成果主義の導入によって発生した問題の内容についてのアンケートで最も多かった回答は、「評価の妥当性を欠いている」であった。成果主義の実施において、いかにして評価の公正を確保するかはきわめて重要な問題である。「成果主義」は、欧米企業では一般に広く用いられているが、欧米企業においても評価の公正は重要な問題で、各企業で様々な工夫がなされている。小集団でロール・プレイングを行って討論するなどの教育訓練は一般的なものである。さらに評価をより公正で客観的なものにするため、直属の上司による評価に加えて社内および社外の顧客による評価を取り入れている企業は多い。社内・社外の顧客に対して意見聴取（sounding）を行い、評価に関連するより客観的な情報を集める。これは非常に時間のかかるプロセスであり、たとえば人事管理専門のスタッフが毎年1ヶ月をこのために使うといったことが必要となる[35]。

日本企業において、欧米型の「成果主義」を効果的に実施することが難しい理由の1つに、日本では

(35) 2005年8月、英国企業B社（ロンドン所在）で人事担当者を対象に実施された面接調査による。

現場責任者に採用・解雇の権限をも含めた人事権がないという制度上の違いがある。

欧米企業においては、原則として現場で部下の働きぶりを一番よく把握できる立場にいる現場責任者が部下の評価を行う。その場合、右記のような関連ある様々な方向からの評価を参考にするが、基本的には現場責任者が責任を持って評価を決める。現場責任者は、採用・解雇の権限をも含めた人事権を持つ。「権限」には「責任」が伴う。つまり、現場責任者自身が評価の対象でもあるから、もし評価が妥当なものでなければ、部下のモティベーションが下がり、彼自身に対する上司や関係者の評価が下がり、減給や解雇ということもあり得る。欧米では公正に関する社員の意識も高く、不公平だと感じれば、部下は苦情を言ってくるので、現場責任者は常に自分の決定について弁明できるように準備していなければならない[36]。こうした要因がすべて現場責任者に公正な評価をさせるようなプレッシャーになっている。

こうした欧米の体制と日本の体制の大きな違いは、日本では現場責任者に、採用・解雇の権限がないということである。現場責任者に責任がなく、また十分な人事権もないという体制では、本格的に「成果主義」を実施することは難しいと指摘する専門家もいる。

(3) 成果主義と年功型の多層的・選択的採用へ

成果主義型の人事制度を実施しても、公正な評価が担保できず、不満や不公平感が噴出するというのであれば、むしろ入社年次（入社後の勤続年数）によって処遇が決まる年功型の方が、かえって問題が少ないということになる。みんな同じように年を重ねるという意味では年数はすべての人に平等な要素である。また成果主義の導入によって評価の問題以外にも様々な想定外の問題が生じ、いったん成果主義を導入した企業で見直しが進んでいることは先に述べたとおりである。

（36）前掲（35）。

しかしながら、従来型の年功序列にも大きな弊害があり、もともとそうした弊害から脱却するために成果主義を導入したわけである。従来型の年功序列の大きな問題点は、入社年次で役職や給料が決まるので、若い社員はいくら成果をあげても処遇に反映されなかったり、また能力とやる気のある社員がいくら高い業績を上げても処遇に反映されなかったりする。このため、こうした人々のモティベーションが上がらないということになる。成果主義のメリットは、年齢やポジションにかかわらず、努力して成果を出せば評価され、昇給あるいは昇進という形で反映される。創造的・知的人材にその知的な力や創造性を発揮させるためには、成果主義の活用は不可欠である。さらに、経営者側としては、成果を出せない社員については高い評価をしないことによって、人件費を抑えることができる。

こうしたことを考えると、成果主義型と年功型を併用することが妥当な線になる。先に述べたように、厚生労働省などの調査によれば、成果主義を導入した日本企業の間では、給与は年功型職能給とする、あるいは職種・職務に応じて決定する、しかしボーナスは、その年の業績に応じて支払うというのが最も一般的なパターンになりつつあることがうかがえる。基本給も含めて全面的に成果主義を導入したり、画一的な成果主義を全階層に無差別に導入した企業では、再検討および修正が行われ、右記のようなパターンに落ち着くケースが多い。

成果主義型と年功型をどのように組み合わせるべきかということは、職種や職務階層によって異なってくる。すなわち、組織全体を考えた場合、成果主義は選択的に導入されなければならない。なぜなら期待される成果の内容は職階によって異なるし、また成果がどの程度、報酬などの処遇に反映されるべきかということも職階によって異なるからである。また仕事にかかわる欲求や期待も個人がどの職階に属するか、あるいはどのライフ・ステージにあるかによって異なる。したがって成果主義の導入に対する各個人の態度も自ずと異なってくる。また組織において求められる役割も職階によって当然異なってくる。

まず第1に留意すべきことは、成果を処遇に反映する度合いは、与えられている権限の大きさに対応すべきだということである。なぜならその社員が上げられる成果の範囲は、与えられている権限の大きさによって限定されるからである。上位の管理職では、大きな権限が与えられており、それにもかかわらず成果があがらなければ、それは本人の責任である。しかし下位の職で、与えられている権限が小さい場合は、たとえ成果があがらなくてもそれは必ずしも本人の責任ではない。基本給は年功型職能給で、ボーナスは全額あるいは何割かを成果によって支払う場合においても、上の階層では高い成果基準を設けて成果によって決まる報酬部分を大きくし、職位が下がるに従って成果によって決まる報酬部分を小さくすることが適当であろう。

実際、多くの企業では、基本給以外に実績に応じて支払われるボーナスの割合は、低い職位では低く、高い職位では高く設定されている[37]。ブルーカラーの報酬については、多くの日本企業は成果主義を採用していない。欧米企業においても、ブルーカラー職では成果が報酬に反映される度合いは通常きわめて低い。労組の多くは個人レベルでの成果の反映に反対しており、同じ職務に対しては同じ賃金を求める。一般にブルーカラーに対して成果で決まるボーナスあるいは功績奨励給の制度を用いている企業は少なく、また用いている場合でもその額は小額である。

第2に留意すべきことは、成果主義を導入した場合の成果に対する評価については、どれくらいのタイムスパンで行うか、個人に対する評価とチームに対する評価をどのような割合にするかを十分に検討する必要があるということである。短期で行うと先に述べたような問題が生じやすいので、長期的に行

(37) 渡辺聰子・アンソニー ギデンズ・今田高俊（2008）『グローバル時代の人的資源論：モティベーション・エンパワーメント・仕事の未来』東京大学出版会、269頁。

う必要がある。また個人に対する評価と同時にチームに対する評価も必要であるが、貢献する人とそうでない人の差が大きい場合には個人に対する評価の比重を大きくする必要がある。

5 日本型人事制度の運用面での工夫─降格人事と非正規雇用への対応

【1】降格人事

ここ20年の間に多くの企業で従来型の日本的な経営は徐々に見直され、雇用制度における変革が試みられた。しかし一方、終身雇用、年功型職能給などの基本的な日本型の経営慣行を堅持する企業もある。しかしこうした企業においても、苛烈なグローバル競争と激しい市場の変化に立ち向かうため、何らかの運営面における慣行の修正や適応が行われている。日本型経営の長所を維持しつつ、運用によってそのデメリットを軽減する様々な方策が工夫されている。その1つが降格人事である。終身雇用制度、年功型職能給あるいは職務給の制度を維持しつつ、部分的に能力主義を導入し、降格人事を実施することによって業績や能力を処遇に反映することができる。

日本型雇用においては、長年にわたって成果があがらない社員がいても、解雇することは実質上難しい。解雇という最終的な制裁がないので、責任感が希薄になり、甘えが生じやすい。終身雇用は維持しつつ、こうした弊害に対処するための方策として、職務によっては成果主義を導入し、業績評価における評価点が高ければ昇進・昇格を与えるが、何回かの業績評価の結果、評価点が低い社員に対しては降格を行うという企業は少なくない。降格とは、等級が低いポストへの変更なので減給を伴う。降格人事を厳格に行うことによって規律を維持することができ、成果をあげている社員に対しては成果に見合った処遇をすることができる。

たとえば、先出のC社（事務機器、プリンター、カメラなどを製造）では、基本的には日本型経営を維持する方針をとっているが、降格人事を実施することによって、一定の職務と階層においては能力主義を取り入れている。以下C社の制度を紹介する。[38] C社では、終身雇用および職務給の制度は維持し、長期的には昇進に能力や業績を反映させるという方針をとっている。人事担当によれば終身雇用は組織としての一体感やコミットメントを醸成するメリットがあり、合理的な制度と考える。しかし処遇の決定にあたっては、管理職に対しては年功序列は考慮せず、成果と能力を処遇に反映するシステム（C社では「実力主義」と呼んでいる）を適用する。さらに業績評価によって降格を行うことがある。

社員約2万5０００人のうち、約5０００人が管理職であるが、このうち、年間約1５０人が降格される。等級が低いポストへの変更なので給料は下がる。この際、社内公募に応募して新たな職務を捜すこともできる。部長以上の2００人に対してもこの制度を実施する。

一般社員、つまり非管理職（労働組合員）に対しては業績評価による降格はない。C社では入社後の10年間は育成期間と考え、それまでは職務に基づく処遇を行い、成果に基づく処遇は行わない。入社後10年の時点から「実力主義」を適用する。実際には、入社後3年位から、処遇に差がつき始める。能力試験（論文、仕事のシミュレーション、面接などによる）を受けて、等級を上げることができ、入社後10年以内でも同期入社者の間で年収で1００万円程度の差がつく。

入社して10年後の30数歳からは、本格的な実力主義を実施する。C社の場合、研究開発の仕事が多いので、実力主義を取り入れるのに適している。たとえば「製品がいつまでに開発できたか、あるいはで

(38) ここでのC社の制度についての記述は、2007年1月にC社にて人事担当者を対象に実施した面接調査、およびその後にC社より提供された資料による。

きなかった か」といった基準によって評価することができる。目標管理制度はいったんは導入したが、中止した。①研究開発の仕事が多く目標の数値化が難しい、②1年間で目標を達成するのが難しい、あるいは、③チームとして仕事をするので、どこまでが個人の仕事かはっきりと線を引くことができない、などの理由によるものである。各課で絶対評価と相対評価の両方を行い、さらに部長が集まる評価会議で、全課のデータを見て調整する。相対評価に基づいて処遇を決め、絶対評価は育成の方針を決めるのに用いる。このように成果による評価を行うが、社員には「一回一回の評価で一喜一憂するな。評価が悪いことがあっても次回頑張ればよい」と伝えているという。

C社においてはチームを大切にする風土を維持したいと考える。このため、事業会社の間で業績の良かったところと悪かったところがあった場合、良かったところだけ成果給を高くすることはせず、事業会社間で平均するようにしている[39]。

【2】非正社員の正社員への昇格と非正社員採用から正社員採用への切り替え

日本型の人事制度の枠内で、制度を修正して経営環境の変化に適応していこうというもう1つの試みは、非正規雇用者の処遇にかかわるものである。非正社員の正社員への昇格を制度化したり、あるいはこれまでの非正社員採用を正社員採用へ切り替えるといった試みである。いずれもこれまで日本型経営慣行が適用されなかった非正規の雇用者を日本型経営慣行が適用される正社員の範疇に組み入れるものである。会社はこうした変革がコミットメントとモティベーションを高めることを期待している。

(39) 前掲 (38)。

（1）非正社員の正社員への昇格

日本の労働市場における大きな変化の1つは非正規雇用者の増大ということである。この30年間に多くの先進国における非正規雇用者の数は増加し続けている。経営の効率化と人件費コスト削減のため、多くの企業では正社員の割合を低くし、代わりに非正規雇用者の割合を高くしてきた。日本でも1990年には870万人だった非正規雇用者は、2000年には1258万人に、2013年には1870万人に増加し、雇用者全体の36・3%を占めるようになった(40)。

必要労働のかなりの部分を非正規雇用に依存する多くの企業においては、今や大きな割合を占めるようになった非正社員に対する人事管理政策が重要な課題となっている。こうした企業でとられている対策の1つは、正社員と非正社員の処遇格差を縮小するということ、もう1つは非正社員から正社員への昇格の道を開くということである。2013年に行われた調査において、非正規職に就いている人にその理由を尋ねたところ、男性では31・1%が、「正規職を希望しているが、探してもみつからないから」をあげており、最も多い。女性の場合は27%が「家計を助けるため」をあげており、最も多い。女性の場合「正規職を希望している」人は、14・8%に過ぎない(41)。

つまり、非正規雇用者には多様なライフ・ステージ、ライフ・スタイルの人々が含まれており、彼らが望む勤務形態も一様ではない。正社員になることを求めている人が多い一方で、フレキシブルな雇用形態に満足しており、正社員に課される時間的拘束を望まない人々もいる。したがって、非正規雇用にかかわる人事制度改革においては、正社員と非正社員との処遇格差を縮小したり、非正社員から正社員への昇格機会を提供したりすることとあわせて、多様な勤務形態を提示することも重要である。

たとえば大型小売業Y社では1980年代までは、多くの日本企業と同じく、仕事の大半は正社員に

(40) 社会実情データ図録「正規雇用者と非正規雇用者の推移」(http://www2.ttcn.ne.jp/honkawa/3240.html) 2013年5月15日。
(41) NHKニュース7、2013年5月14日放送。

よってなされ、パートタイム雇用者によってなされる仕事は労働時間ベースで5割以下であった。この時期までは、正社員が「主」で、そのほとんどが女性であるパートタイム雇用者は「従」という原則に基づいて役割が配分されていた。つまり、雇用の中心は正社員で、非正社員はあくまで周辺労働を行うという役割分担である。また社内でもパートタイム雇用者は能力的に「限界がある」という先入観があり、パートタイム雇用者から正社員への昇格は難しかった。しかし1990年代になるとパートタイム雇用者の比率が急速に増加し、2003年には労働時間ベースで8割に達するようになり、パートタイム雇用者のモティベーションを配慮する人事政策を検討せざるを得なくなった。そこでY社では2004年に、これまで数十年間にわたって作られてきた様々な雇用形態を整理し、雇用条件による区分を明確化して社員にわかりやすく示すことにした。

まず以下のように正社員を2つのステータス、非正社員を3つのステータス、つまり全社員を計5つのステータスに分け、それぞれのステータスの雇用条件をきちんと整理して社員にわかりやすく示し、個人がそれぞれのニーズに応じたステータスを選べるようにした。[42] 正社員における2つのステータスは、①ナショナル社員（60歳定年まで常勤で働くことができる。海外および全国レベルでの転勤がある）と②リージョナル社員（60歳定年まで常勤で働くことができる。全国を4つに分けた範囲内での転勤がある）である。非正社員における3つのステータスは、①コミュニティ社員（期間雇用で常勤とパートタイムがある。転居を伴う転勤はない）、②エキスパート（期間雇用の専門職。常勤で、転居を伴う転勤はない）、および③アルバイト（短期間雇用の学生および60歳以上のパートタイム雇用者。転居を伴う転勤はなく、契約更新はない。報酬は時間給）である。

Y社では5つのステータスを明示すると同時に、「コミュニティ社員制度」という新しい人事制度を

（42）2005年11月にY社の人事担当者を対象に実施された面接調査、およびY社提供の資料による。

導入し、非正社員の一部に対し、正社員と同じ資格登用制度を適用することにした。この新しい制度のもとでは、コミュニティ社員もあるレベル（マネージャー職のランク3（店舗では総括マネージャー、副店長、中小型店店長などのランク））までは昇格可能で、そのためには正社員と同じ登用試験を受けることになる。またコミュニティ社員はJ3（売場長、マネージャーなど）という資格に登用された段階で、正社員（ナショナル社員あるいはリージョナル社員）に転換することができる。

既存の拠点では、新しい制度を導入することは難しいので、新しい店舗を作るときに新しい制度を適用することが多い。Y社での例を紹介すると、新規店舗を作るにあたっては、たとえばこれまで1200人の正社員を採用してきたところを正社員600人、コミュニティ社員600人採用する。入社後昇格するポストである職務Ⅰ、職務Ⅱなどの低位の職についてはこれまでどおりの時給870円を変えないが、マネージャー、店長のレベルのコミュニティ社員の給料を上げる。しかし、正社員には転勤があるがコミュニティ社員には転勤はないなど、両者の勤務条件には違いがあるので、この差を報酬に反映し、バランスをとる必要がある。コミュニティ社員の待遇の改善は重要であるが、コミュニティ社員と正社員の給料を同じにすると転勤のある正社員から不満が出る。そこでたとえばコミュニティ社員の給料を、パートタイム雇用者の年収270万円と正社員の年収450万円の間の380万円に設定するという。

このような新しい制度は、非正社員の一部に対して能力主義を適用して昇進・昇格を可能にし、報酬、フリンジ給付など処遇面での正社員との格差を縮小すること、さらに正社員への転換の道を制度化することによって、ステータスにおける格差を縮小することを目指すものである。コミュニティ社員制度を導入してから、コミュニティ社員の昇進・昇格が増え、パートタイム雇用者にも意欲、自覚、責任感などが生じ、プラスの効果が見られるという。

前出のキューアンドエー社でも、同様に複数のステータスを設け、終身雇用および年功型給与の制度が適用される2つの正社員ステータスとこれらの制度が適用されない5つの非正社員ステータス、計7つのステータスを設けている。7つのステータスは、①訪問スタッフ、②派遣社員（社外からの）、③パート（短時間）、④パート（長時間）、⑤契約社員、⑥専門職・総合職、および⑦上位専門職・幹部である（①～⑤は非正社員、⑥と⑦は正社員）。当社では、ライフ・スタイルに合わせてこれらいずれかのタイプを選ぶことができるようにしている。また、これらのステータスの間を移動することができるようにしている。ある女性社員は育児期間は、タイプ③および④のパート社員として働いていたが、その後は正社員になり、現在は管理職として勤務している。[43]

(2) 非正社員採用から正社員採用への切り替え

さらに、この20年間、リストラの一環として、それまで正社員がやっていた仕事を非正社員にやらせる動きが進んできたが、最近、こうした仕事を再び正社員にやらせるため、これまでの非正社員採用を正社員採用に切り替える企業が出ている。正社員採用にする理由は、職務内容からしてコミットメントが仕事の達成度や生産性に与える影響が大きく、コミットメントを確保するために正規雇用に切り替えるというものである。

たとえば全日空では、2014年春の入社以降、これまでの契約社員採用としていた客室乗務員を正社員採用とした。[44] 全日空では1995年に、人件費の節減のため、それまで正社員として採用していた客室乗務員をその年の春以降は契約社員として採用することにした。この制度の下で3年間契約社員と

(43) 前掲（32）。
(44) NHK ニュース 7、2013 年 8 月 19 日放送。

して働いた後は、正社員になれるが、採用された人の約1割が結婚などを理由に正社員になる前に退社するという状況が続いていた。そこで当社では、2014年から、優秀な人材を安定的に確保するため、これまでの契約社員採用を正社員採用に戻すことにしたのである。現在契約社員である人に対しても正社員になれる道を開く。客室乗務員の正社員採用は、全日空では20年ぶりとなる。2013年7月にアメリカのサンフランシスコ空港で起きた航空機（韓国アシアナ航空）事故の際に、女性客室乗務員（課長）が乗客を背負って避難するなど、懸命に救助にあたる姿がテレビで放映され、安全の重要性が改めて認識されたことがきっかけになったという。

正社員採用とすることで退職金などの人件費は上がるが、離職を減らすことでコストを下げることができるという。契約社員から正社員になることで、毎年契約を更新する必要がなくなり、有給休暇が年10日から20日に増えるなど待遇は改善される。また、結婚、育児など、それぞれのライフ・スタイルに合わせたキャリア設計ができる。

JALも1995年に、全日空と同じく、それまで正社員として採用していた客室乗務員を契約社員として採用することにしたが、これを正社員採用に戻すかどうかは今後の検討課題という。

また、カジュアル衣料品を生産販売するユニクロの親会社であるファーストリテイリングは、2014年4月からパート社員の90％を正社員化した。優秀な人材の囲い込み、人手不足に対応するためという。人件費は2割増えるが、新人育成の費用や時間が節減でき、投資を無駄にしないで済むという[45]。

本章においては、人事・雇用制度および企業内部の意思決定制度の領域における日本型経営慣行について、その歴史的源泉を辿り、その理念型を定義し、それらが現在どのように実施されているかを明ら

(45) NHKクローズアップ現代、2014年6月11日放送。

かにした。さらにそうした実態の分析を通じて、日本型経営のどこが変わり、また何が今後も維持されていくのかを特定し、これからの変化の方向性について考察した。次章では、企業と外部企業の関係、あるいは企業と外部ステークホルダーの関係、すなわち、企業間ネットワークおよび企業統治の制度について、日本型システムの変容の実態と未来像に光を当てる。

第3章

日本型企業間ネットワークと企業統治

1 はじめに

日本型の「企業間ネットワーク（系列・企業集団を中心とする企業間取引の制度）」と「企業統治（コーポレート・ガバナンス）」は、組織内部の諸制度、つまり第2章で扱った「人事・雇用制度」および「企業内部の意思決定の制度」と深く結びついており、これら4つの制度は、お互いに支え合って日本型企業システムともいうべき1つの制度を成している。

日本型企業システムは、他の国のシステムと比較してどのように異なるのか。日本型企業システムを中心とする日本型の経済体制は、比較制度論の枠組みの中ではどのように位置づけられるのか。

以下に詳しく述べるように、1990年以降盛んになった比較制度研究においては、世界各国の資本主義経済システムを「自由競争と市場主義の徹底度」によって分類するのが一般的である。競争的市場原理が機能する度合いによって多くの国々を1つのスペクトラムに沿って並べることができるわけであるが、具体的な議論においては、「市場原理が機能する度合いが相対的に高い国々」（以下「アングロ・サクソン型」と呼ぶ）と「市場原理が機能する度合いが相対的に低い国々」（以下「調整型」と呼ぶ）の2つの大きなグループに分類することができる。前者にはアメリカ、イギリス、カナダ、オーストラリアなどのアングロ・サクソン諸国が含まれ、後者にはドイツ、日本、スイス、オランダ、スウェーデン、デンマークなどが含まれるとされる。

「アングロ・サクソン型」、「調整型」、それぞれの類型に属する国々は、中心的な特性を共有しているものの、細部においては異なる点も多い。本章で扱う系列、あるいは企業統治を含む日本型の経済システムは、調整型の資本主義経済に共通する特性を備えているが、一方で歴史文化的背景によって規定される日本独自の特性も多い。本章においては、まず比較制度論の視点から、資本主義の類型化に関する議論を整理し、「アングロ・サクソン型」と「調整型」という2つの類型を対比してその特性を明らかにする。次いで調整型資本主義に共通する特性に加えて、独自の特有な形質を持つ日本型の経済システムを系列と企業統治に焦点をおいて分析し、これらの制度が過去四半世紀の間にどのような変貌を遂げたかを辿り、今後の方向性を探る。

2 資本主義の多様性と比較制度論

【1】資本主義の類型化

現在先進国と呼ばれている多くの国は歴史的に見ると多くの局面において、普遍的な一定の発展段階を経て近代的な資本主義の諸制度を発達させ、現在のグローバル市場経済のメンバーとなった。すなわち、市場経済機構、企業組織、テクノロジーといった要因は、すべての国が共有するものである。しかしながら、それらの制度、およびそれらの制度の運用のされ方においては、それぞれの資本主義の間に多くの差異が見られる。こうした社会、経済諸制度における各国間の差異に注目して多様な経済システムを比較分析する研究において、1つの大きな転機となったのが、1989年のベルリンの壁の解体に続く社会主義の崩壊である。

1990年以降、東欧など旧社会主義国が資本主義経済に参加するようになり、グローバルな市場経済に参加する国々は増え続けている。今やほとんどすべての先進国において、自由競争の原理に基づく市場経済が最も現実的で最も妥当な制度として受け入れられるようになった。社会主義の崩壊により、「資本主義」対「社会主義」の制度比較にかかわる議論は意味を失い、資本主義陣営内部での相違により大きな関心が向けられるようになった。社会主義が実質上消滅し、資本主義以外のシステムが存在する余地はなくなった今、各国の経済体制の違いは、主としてどの程度徹底的に利潤極大化の原理を追求するか、市場をどの程度レッセ・フェール（自由放任主義）に任せるかという「程度」の問題となる。それは同時にどの程度、国家が経済に介入して様々な調整を行うかという問題でもある。

１９９０年代に入るとこうした状況に呼応して、アメリカやヨーロッパにおける経済制度論争においては、資本主義諸国の横断的な比較制度研究が盛んになり、さらにそうした研究の中には、社会・経済制度の諸局面を精緻な理論的枠組を用いて分析したり、また統計資料を用いた実証的な検証に基づくものも多くなった。以下、１９９０年代以降に出現した資本主義の比較制度分析における中心的な議論を辿ってみる。

資本主義諸国の間での制度比較に関する論争の先駆となったのが、フランスの実業家、ミシェル・アルベールの『資本主義対資本主義』（原著１９９１年）である。アルベールは、国家の経済政策には２つのアプローチ、すなわち「アングロ・サクソン型（ネオアメリカ型）」と「ライン型」があるとし、両者を比較対照した(1)。アメリカ、イギリスで実施されている「アングロ・サクソン型」は個人的な達成、短期的利益、レッセ・フェール的政府によって特徴づけられる。一方、ドイツ、スイス、北欧諸国で実施され、あるいは日本でも部分的に実施されている「ライン型」は、集団的な達成、公的な合意を重視し、社会全体の長期的な成功を目指すものであるという。

(1) ミシェル アルベール著、久水宏之監修・小池はるひ訳（1996）『資本主義対資本主義：フランスから世界に広がる21世紀への大論争』竹内書店新社。（原著 Michael Albert, *Capitalism Contre Capitalism*（Paris: Seuil,1991））

アルベールは、①市民生活の安全・安定、②社会的不平等の是正、③社会の開放度および流動性、という3つの基準から、最初の2点ではライン型に、最後の1点ではアメリカ型に軍配をあげ、全体的にはライン型の方が効率においても、公正においても優れていると考えた。しかし現実には資本主義国の大勢、さらには旧社会主義国の大勢も、ライン型ではなく、アングロ・サクソン型に向かってひた走っているとし、この現実に対して警鐘を鳴らしたのである。

2001年に出版されたピーター・A・ホールとデーヴィッド・ソスキス（ホールはアメリカの、ソスキスはイギリスの政治経済学者）の *Varieties of Capitalism*（『資本主義の多様性』）も、同じく市場原理の徹底度において資本主義諸国を比較分類するものである。ホールらは実証的なデータに基づいてOECD諸国を比較し、「自由な市場経済」であるか、「調整された市場経済」であるかという中心的な差異により、それらの国々を分類する。この資本主義の2つの類型は理念型をなしており、実在する経済体制は、これら2つの態様の間に様々なニュアンスをもって並ぶことになる(2)。

フランスの経済学者、ブルーノ・アマーブルが2003年に著した *The Diversity of Modern Capitalism*（『五つの資本主義』）は、製品市場、労働関係と労働市場、金融市場と企業統治、福祉、教育の5つの基本的な制度領域における特性に基づき、OECD諸国を5つの類型、すなわち①市場ベース型（アングロ・サクソン型）、②社会民主主義型、③大陸欧州型、④地中海型、⑤アジア型に分類する(3)。アマーブルによれば、これまでの研究では資本主義の代表的形態としてアメリカが議論の中心になり、アメリカとそれ以外という二分論的な見方が多かった、また少数の領域において少数の国を比較することが多かった。これに対し、彼は制度理論を背景に、OECD21カ国を実証的に分析し、経済をアングロ・サクソン型の「市場ベース」だけから捉える単純化への反論を提示した。

（2） Hall, P. A. and Soskice, D.（eds.）（2001）*Varieties of Capitalism: The Institutional Foundations of Comparative Advantage*, Oxford: Oxford Univ. Press, p. 8.（遠山弘徳・安孫子誠男・山田鋭夫・宇仁宏幸・藤田菜々子訳『資本主義の多様性：比較優位の制度的基礎』ナカニシヤ出版、2007 年。）
（3） Amable, B.（2003）*The Diversity of Modern Capitalism,* Oxford: Oxford Univ. Press（山田鋭夫・原田裕治訳『五つの資本主義―グローバリズム時代における社会経済システムの多様性』藤原書店、2005 年。）

アマーブルの類型化は、各国の経済体制を比較する基軸としては、どの程度レッセ・フェールに任せるのか、どの程度国家が介入して調整を行い、規制を課すのかという点に中心を置いており、このかぎりにおいてはホールらの議論と大きく異なるわけではない。ただしホールらの二分類論で提示されている「調整された市場経済」は、アマーブルの5類型論ではさらに「社会民主主義型」（スウェーデン、フィンランド、デンマークなど）と「大陸欧州型」（フランス、ドイツ、オーストリア、ベルギーなど）の2つに分けられる。[4]「社会民主主義型」の方が全般的により発達した福祉国家（社会保障）を有し、より調整された賃金交渉とより連帯主義的な賃金政策を特徴とする。[5]

アマーブルの5類型には、さらに「アジア型」と「地中海型」が含まれる。しかし、これらはどちらかというと残余的な範疇として位置づけられていること、また「社会民主主義型」と「大陸欧州型」を「調整された市場経済」に含めて議論していることを考慮すると、この5類型論も、先進国の経済体制を「自由な市場経済」と「調整された市場経済」の2つの主たるタイプに分けるホールらの類型論と大きく異なる点は見られないのである。

アルベールの「アングロ・サクソン型」対「ライン型」の2類型、ホールら「自由な市場経済」対「調整された市場経済」の2類型、アマーブルにおける「市場ベース型」対「調整された市場経済（社会民主主義型および大陸欧州型）」という2つの大きな区分、これらはすべて自由市場原理が機能する度合いと調整原理が機能する度合いを主要な軸として先進諸国を比較し、各国の資本主義経済を2つの主たる大きな範疇に分類するものである。それぞれの研究において提示されている理念型は細部では異なる点も多いものの、中心的な特性においては共通する部分が大きい。

(4) 前掲 (3), pp. 16-23.
(5) 前掲 (3), p. 15.

【2】先進資本主義の2類型──「アングロ・サクソン型」と「調整型」の市場経済

アングロ・サクソン型の資本主義というのは、最も早く産業革命が始まり、最も早く資本主義が発展したイギリスやアメリカで浸透した経済システムの形態で、他の形態に比べると、市場原理の追求が最も徹底的であり、レッセ・フェールの原則に最も忠実である。これに対し、調整型の市場経済というのは、市場原理の追求によって生ずる「不平等」を国家による介入と調整によって是正し、福祉制度の充実によって市民を保護するという大きく修正された資本主義である。

先に述べたように、アルベール、アマーブル、さらにホールらの資本主義の類型論は、概略においては、すべて「市場主義の徹底度」によって先進諸国を比較し、各国の資本主義経済を2つの大きなグループ、すなわち「アングロ・サクソン型」と「調整型」とに分類するものである。資本主義諸国の経済システムをこのように類型化して、それぞれの資本主義の理念型の特性を比較分析するにあたっては、諸制度の中核にある企業に焦点をおいて考えてみると議論を具体的なものにすることができる。

企業は財やサービスの開発・生産・流通という経済活動により収益を上げるアクター（行為主体）である[6]。企業は、内部においては従業員との関係を築き、外部においては、顧客、サプライヤー、提携企業、業界団体、地域共同体、政府などのステークホルダーをはじめ、広範囲に及ぶアクターと関係を持つ。企業の能力が他のアクターとの関係に依存する以上、企業はこうした関係に関して多くの「コーディネーション」を行わなければならない。具体的には、労使関係、職業訓練、企業統治、企業間関係、企業内の従業員との関係、といった諸関係をどのように調整し、どう処理するかという「コーディネーション問題」の解決が企業にとってきわめて重要な課題となる。企業の成否を決める最も重要な要因は、他

（6） Teece, D. and Pisano, G.（1998）The Dynamic Capabilities of Firms, In Dosi, G., Teece, D. and Chitry, J.（eds.）*Technology, Organization and Competitiveness: Perspectives on Industrial and Corporate Change*, Oxford: Oxford Univ.Press, pp. 193-212.

のアクターとの間に築き上げる諸関係の質であるとも言われる(7)。

アングロ・サクソン型の市場経済においては、この「コーディネーション問題」を解決するにあたって自由競争と市場関係を重視する。これに対し、調整型の市場経済においては、国家の介入や法制度、あるいはそれらによって規定される調整・協力の諸慣行に従うことによって「コーディネーション問題」を解決する。すなわち、2つのタイプの経済体制は、明らかに異なった方法によって「コーディネーション問題」を解決するわけである。以下、企業行動を中心にアングロ・サクソン型の市場経済と調整型の市場経済を比較し、それらの特性を考えてみる。

(1) アングロ・サクソン型の市場経済

アングロ・サクソン型の市場経済においては、コーディネーション問題を解決するにあたって、企業は市場諸関係に大きく依存する。つまり、企業は第一義的に企業体系と競争的市場原理に基づく取り決めを通じてその活動を調整する。

このタイプの市場経済においては、市場関係は競争とフォーマルな契約関係という状況下での物品やサービスの交換によって特徴づけられ、市場制度は多くの局面において経済的なアクターの活動を調整するための有効な手段を提供する(8)。

労働市場に対する規制レベルは相対的に低く、労働市場のフレキシビリティは大きい。企業は新たな機会を活用するため、比較的容易に労働者を解雇したり採用したりできる。労働者の企業間移動は一般的であり、短期雇用が多い。また即戦力となる人材がしばしば高給で引き抜かれる。企業は価格調整によって十分に吸収しきれない負の衝撃を労働市場の流動性と柔軟性によって吸収することが多く、競争

(7) 前掲(2), p. 6.
(8) Williamson, O. E.(1985) *The Economic Institutions of Capitalism: Firms, Matkets, Relational Contracting*, New York: Free Press.

力は労働市場のフレキシビリティに依存するところが大きい。

アングロ・サクソン型の自由主義的な市場経済においては、企業金融は主として株式市場中心の短期金融によって担われる。アングロ・サクソン型においては、市場を通じての外部からの企業に対する監視がより支配的であり、特に株主が株式市場を通じて頻繁に支配力を行使する。このような企業統治のシステムは「アウトサイダー型」、「外部監視型」、あるいは「オープン型」と呼ばれる。企業は資金調達を株式市場に依存するところが大きく、また株主が相対的に大きな影響力を持つ企業統治体制をとっているため、企業はその時々の収益や株式市場での株価に対して常に注意を払うようになる。合併・買収に対する規制は寛大であり、企業の売買はかなり自由に行われる。企業の市場評価が下がれば敵対的買収の可能性が生ずる。大企業の資金調達の条件は、株式市場での企業評価に大きく依存し、それぞれの投資家は、公的に利用可能な情報を利用して企業を評価する。[9] 株式市場に依存する金融は、調整型の市場経済において主流をなす銀行依存の金融に比べると、忍耐強くはないが即応性があることが特徴である。[10] こうした金融システムにおいては、機関投資家、とりわけ年金基金の影響力が大きく、株式市場やベンチャー・キャピタル市場が活発である。

このようなアングロ・サクソン型の自由市場経済の代表的な例はアメリカであり、その他の主要なOECD諸国では、イギリス、カナダ、オーストラリア、ニュージーランド、アイルランドなどのアングロ・サクソン諸国が含まれるとされる。[11]

専門職、管理職の企業間移動も一般的であり、また即戦力となる人材がしばしば高給で引き抜かれる。したがって通常、企業による研修や訓練は行われず、技術の移転や波及は、技術者や科学者の企業間移動あるいは引抜きを通してなされる。またライセンス契約や特許契約などを通じての新技術の売買も技

(9) ロナルド・ドーア著、藤井眞人訳（2001）『日本型資本主義と市場主義の衝突』東洋経済新報社。
(10) 田中修（2010）「世界経済危機を契機に資本主義の多様性を考える（第5話）：資本主義の諸類型（2）一代表的な議論」『ファイナンス』533号、66-69頁。
(11) 前掲（1）; 前掲（2）, p. 19; 前掲（3）, pp. 16-23; Esping-Andersen, G.（1990）*The Three Worlds of Welfare Capitalism*, Cambridge, UK: Polity Press, pp. 12-33.

術移転に大きな役割を果たす[12]。理念としては、万人に開かれた市場的チャンスが前提となるので、成功も失敗も、結果はすべて個人の問題に帰される傾向が強い[13]。

(2) 調整型の市場経済

調整型市場経済においては、企業がその活動を他のアクターと調整する際、非市場的、非競争的、協働的な関係により大きく依存する。こうした非市場的な調整は、市場的な調整に比べると、より広範囲にわたる関係依存的あるいはより不完全な契約を必要とし、またネットワーク内の私的な情報交換に基づくネットワークの監視を必要とする。

調整型経済における資金調達と企業統治の様式はアングロ・サクソン型の経済の場合とかなり異なる。企業金融は銀行に依存するところが大きい。つまり企業は、多くの場合、公的に利用可能な情報や現在の収益にのみ依存することなく、「忍耐強い資本」を調達することができる。こうした「忍耐強い資本」を取得できることにより、企業は経済下降期にも熟練労働者を解雇することなく維持し続けることが可能になる。また長期的にのみ収益を生み出すプロジェクトに投資することができる。しかし調整型経済においても、グローバル競争の圧力が増しており、労働市場は事実上かなり規制緩和されており、雇用のフレキシブル化が進んでいる[14]。しかし一般に、調整型経済はアングロ・サクソン型の経済に比べると社員教育を重視する伝統を持つ。また個人的災難は誰にでも起こり得るという前提に立って弱者を社会全体で救済すべく、非市場的な経路による調整が重視される[15]。

このような体制の下では、企業に対する融資や投資が必ずしも公表されているデータやバランスシート上の情報に基づいて行われるわけではない。投資家は多くの場合、別の方法によって投資先企業の経

(12) 前掲 (2), p. 31.
(13) 前掲 (10)。
(14) 遠山弘徳 (2011)「流動的なヨーロッパ労働市場の出現と労働市場制度改革」『静岡大学経済研究』第15巻4号、213-223頁。
(15) 前掲 (10)。

営状態や進行中の事業に関する情報を得る。一般的には非公開の情報、あるいは内部情報が大きな役割を果たす。こうした内部情報は、通常、企業の内部者同士の稠密なネットワークによって取得される。こうしたネットワークは、投資先企業に関する信頼できる情報を共有するという目的に向かって、1つの企業の経営者や技術者を他の企業の経営者や技術者と結びつけるものである。さらに投資家は、サプライヤーや顧客との緊密な関係、株式持ち合いのネットワーク、企業情報を収集する業界団体への加入、などによって投資先に関する情報を得る。調整型の市場経済においては、一般的に、このようにネットワーク内での評判に基づく監視のための幅広いシステムが存在し、これによって情報の信頼性が確保される。(16) 投資家はこうした情報に基づいて、投資についての決定をし、投資先企業の業績を監視し、自らの投資の価値を確保する。

このような調整型の市場経済の代表的な例がドイツや日本であり、その他の主要なOECD諸国では、スイス、オランダ、ベルギー、スウェーデン、ノルウェー、デンマーク、オーストリアがこれに含まれるとされる。(17)

市場の全体構造は、企業統治のあり方にも影響を与える。調整型市場経済においては「インサイダー型」あるいは「内部監視型」と呼ばれる企業統治のシステムが一般的である。このシステムにおいては、企業の長期的な存続と利害に関心を持ち、企業と緊密な関係を持つステークホルダーによる内部からの経営の監視が重要な役割を果たす。

企業はその活動資金をしばしば内部留保した収益から得るので、外部資金が提供される条件にあまり敏感ではない。しかし外部者がより大きな企業価値を引き出すと主張して敵対的買収を仕掛けてくる可能性があれば、企業は収益力と株主価値に焦点を当てざるを得なくなる。したがって多くの調整型経済

(16) 青木昌彦（1995）『経営システムの進化と多元性』東洋経済新報社。
(17) 前掲（1）; 前掲（2）, p. 19; 前掲（3）, pp. 16-23; Esping-Andersen, 前掲（11）, pp. 12-33.

における企業戦略は、敵対的合併・買収を抑制するような規制などの法的措置や株式持ち合いのネットワークに左右されることになる。

さらに多くの調整型の市場経済においては、企業はネットワークによる監視のシステムを強化するような内部構造を持っている。つまり、アングロ・サクソン型の市場経済と異なり、調整型経済におけるトップ経営者は、一方的な行動をとる力は持っていないことが多い。たとえばドイツのトップ経営者は、主要な意思決定をするにあたって、通常、主たる株主や従業員代表をも含む監査役会から、また主たる取引先企業や顧客から合意を取り付けなければならない。合意を重視する意思決定の仕組みは、情報の共有を促進し、信頼できる評判の形成を促し、その結果ネットワークによる監視が容易になる(18)。

調整型の経済における労使関係は、制度化された力のバランスによって調整される。つまり、両者が受け入れることのできる妥協案に到達すべく労使交渉のパターンが確立されている。たとえばドイツでは、熟練労働力を確保・維持するため労使間・企業間の協力が組織されている。産業別の労働組合と経営者団体との交渉により賃金水準が設定されるが、この賃金水準は一般的にリーディングな合意、つまり労働組合が強力で確実に好条件を引き出すことのできる産業部門における合意に従って決定される。このシステムは、同等の技能レベルにおける賃金を1つの産業内で均一化することにより、企業による労働者の引き抜きを困難にする。同時にこのシステムにより、労働者は企業への強いコミットメントと引き換えに実行可能な最も高い賃金を受け取ることになる。さらにこのような仕組みは、経済全般にわたって全国的レベルで労使交渉を調整することにより、賃金設定のインフレ効果を抑えることにもなる(19)。

ドイツにおいて、こうした労使関の調整を企業レベルで補完するのが「経営協議会」（Betriebsrat）

(18) 吉森賢（1996）『日本の経営・欧米の経営：比較経営への招待』放送大学教育振興会、78頁；前掲（2), p. 24.

(19) Streeck, W.（1994）Pay Restraint without Incomes Policy: Institutionalized Monetarism and Industrial Unionism in Germany?, In Dore, R., Boyer, R. and Mars, Z.（eds.)（1994）*The Return of Income Policy*, London: Pinter, pp. 118-140.

である。「経営協議会」は、選出された従業員代表から成る労使協議のシステムであり、産業別労働組合と並んで二元的な労使間調整の制度を形成している。

【3】日本型資本主義の位置づけとその特性

(1) アングロ・サクソン型の対極にある日本型資本主義

先進国の多様な資本主義は、競争的な市場原理が機能する度合いによって「アングロ・サクソン型」と「調整型」という大きな2つの類型に分けて考えることができること、さらに日本の資本主義は、この2つの類型のうちの後者に分類されることは、先に述べたとおりである。先にあげたアルベールやホールらの議論では欧米諸国が研究の対象となっており、日本についての詳しい記述は含まれていないが、いずれの議論においても日本は、「自由市場主義の徹底度」が相対的に低く、国家による介入と調整の度合いが相対的に高い国として位置づけられている。実際、日本型の経済システムは、調整型の資本主義に共通する特性を多く備えており、この分類に関しては異論を差し挟む余地はない。しかしながら一方で、先に述べたように、日本型の経済システムには、歴史文化的背景によって規定される日本独自の特性も多い。

日本型資本主義は政府が介入して自由な競争を制限するという点では、同じく「調整型」に属する社会民主主義型の経済システムよりも、さらに大きく資本主義原理から離反しており、共同体的かつ社会主義的な性向が強い。そしてこうした傾向は日本社会における様々な領域において見られ、全体として日本型システムを作り上げている。日本型システムにおいては、大企業は、系列、業界団体、経営者連合といった中間的レベル（メゾレベル）にあるネットワークの中で、他企業との連携を保持しながら賃金や労働関係の調整を行う。このような企業間ネットワークは、各企業における経営慣行と、マクロ経済や産業政策を規定する国家レベルあるいは国際レベルでの諸力の中間に位置し、両者を結びつける役割を果たしている。こうした企業間ネットワークは、調整機能において国家と並んで重要な役割を果たす。

海外の研究者が、日本型資本主義を「提携資本主義」（alliance capitalism）といった言葉で表現するのもこうした理由によるものである。[20] 以前は日本型資本主義を「国家資本主義」（state capitalism）と呼ぶ研究者もいたが、現在では、「国家資本主義」という言葉は、日本型資本主義よりもさらに国家統制的な色彩の強い旧共産主義国、特にロシアの経済体制を指す言葉として用いられることが多い。

図表3－1（経済体制の類型）は、日本型資本主義の特性を国際比較の視点からより明確に示すために、多様な資本主義を類型化して図示したものである。横軸は、その国の市場経済に国家がどの程度介入するか、あるいはその国の経済がどの程度市場主義的であるか、その度合いを示す。縦軸は組織の経営においてどの程度市場原理が働くか、その度合いを示す。

市場においても企業組織においても、レッセ・フェール的な自由市場の原則が強く働くのがアングロ・サクソン型である。企業組織は市

図表３－１　経済体制の類型

		市場 小 ←── 国家の介入 ──→ 大		
		アングロ・サクソン型 自由市場主義	調整型市場主義	国家統制主義
企業組織	市場主義	アングロ・サクソン型 資本主義 （アメリカ、イギリス）	社会民主主義的 資本主義 （北欧、ドイツ、フランス）	
	組織主義		日本的共同体型 資本主義 （日本）	国家資本主義 （中国、ロシア）

(20) Gerlach, M. L.（1992）*Alliance Capitalism: The Social Organization of Japanese Business*, Berkeley, CA: Univ. of California Press, pp. 67-69；渡辺聰子（2000）「日本型企業間ネットワーク：その特性と今後の展望」『社会学論集』第 24 号、1-20 頁。

場主義の原則で動くものの、社会レベルでは国家による介入が大きいのが社会民主主義的な福祉国家である。企業組織においても、また市場においても、市場原理の働く度合いが低いのが、日本型である。日本型よりもさらに国家による介入が大きいのが、中国やロシアに代表される国家統制主義的資本主義である。アメリカやヨーロッパにおける比較制度論争においては、OECD諸国が研究の主な対象となっており、中国やロシアは対象に含まれないことが多い。中国やロシアの経済システムは、OECD諸国の中の調整型経済の特徴である「調整のための制度や慣行」を備えていない点において、これらの調整型資本主義とは大きく異なる。中国やロシアのような国家資本主義は、市場に対しても、また企業組織に対しても国家による支配の度合いがきわめて大きく、確立した調整のメカニズムを持たない特異なタイプとして区別することが適切と考えられ、ここでは独自の範疇を設けて比較の対象に加えた。

図表3-1に示されている類型化は、比較という目的のために単純化されたものであり、また典型的な例としてあげられている国の配置もあくまで相対的なものである。また第2章で述べたように、そして本章でも述べるように、ここ四半世紀にわたるリストラや景気後退により、日本のシステムも変化している。しかし他国の制度と比較した場合には、伝統的特性の現システムに与えている影響は依然として大きい。

(2) 自由競争を制限するメカニズム

先に述べたように、一般的に日本型の経済システムは社会民主主義的なヨーロッパ諸国と同様に、「調整型」として位置づけられている。「平等」を重視して市場主義を制限するという点では、日本型の共同体的な資本主義は社会民主主義的な修正資本主義と共通点を持つ。しかし大きな違いは、欧米においては資本主義の「修正」は、主として社会領域における諸制度、すなわち福祉制度を通じてなされるのに対し、日本においては資本主義の「社会主義化」は、経済組織も含めたすべての領域における組織を通じてなされることである。

「『市場経済』にはイエス！、『市場社会』にはノー！」というフランスのリオネル・ジョスパン元首相（社会党）の言葉は有名になったが、欧米においては、原則として経済活動は市場原理で動くことが前提となっている。しかし市場経済の生み出す社会問題を軽減して社会的統合を維持するためには、市場原理とは異なる共同体的な理念に支えられた福祉制度という公的なメカニズムが必要であると考えられている。「修正」のためにはどの程度、政府が市場に介入すべきかという点に関しては、右派と左派の間で、見解が異なる。しかしながら、「経済的規制」は最小限にとどめて自由競争を促進すべし、ただし一定の「社会的規制」は必要であるという考え方は、右派、左派を問わず一般的に受け入れられている。これに対し、これまでの日本では、政治、経済、社会のあらゆる領域において市場原理が制限され、共同体原理が働く傾向があった。これは、第4章で述べるように、日本においては民間企業を含む擬似「イエ」的な中間的共同体（市町村や国家と家族との間に存在する共同体）が重要な役割を果たし、日本の社会構造全体の特性に大きな影響を与えたことと密接に関連している。

以下、日本型の企業間ネットワークと企業統治のシステムをその特異な形質に焦点を置いて分析し、これらの制度が過去四半世紀の間にどのような変貌を遂げたかを辿り、今後の方向性を探る。

3 系列のゆくえ

【1】日本の系列の特殊性

系列に代表される日本独特の企業間ネットワークは、多くの海外の学者や政策責任者の注目を集めてきた。このような企業間ネットワークは、各組織における経営慣行と、マクロ経済や産業政策を律する国家レベルあるいは国際レベルでの諸力の中間に位置し、両者を結びつける役割を果たしている。この企業間ネットワークは、企業組織における第一次的な意思決定の単位を、協力と競争の複雑なネットワークに関わらせる精緻な制度的枠組として機能する。日本における企業間ネットワークはもちろん、系列と呼ばれるものだけではない。たとえば、系列以外にも小企業集団や戦略的提携などがある。しかしながら、日本における企業間取引の制度の中で最も重要な意味を持つのが系列である。

系列に類似した企業間関係は他国においてもある程度存在する。特に1980年代以来、アメリカやEU、あるいは他の地域において、複雑な形態を持つ企業間のネットワークが増殖しており、これらは、戦略的提携と呼ばれる。しかしながら系列は、こうしたグローバルな企業収斂現象とはその企業間関係の本質においてかなり異なったものである。

戦略的提携は、たとえば新技術の開発など特定の活動分野において企業同士が協力できるような枠組みを作り出すことを目的とするものであり、稀なケースを除いては、参加企業の株式所有の構造や、操業上の基本的な拘束条件といった参加企業間の直接的相互関係を大きく変えるということはない。これに対し、日本の主要な系列集団の場合には、系列内企業間の直接的あるいは間接的な絆は、参加企業全体の複雑な利害に深く関わっている。最も重要なことは、株式の持ち合いと企業に関連した株式投資を通じて参加企業が相互の所有構造を規定しているということである。多くの日本企業は系列企業や関連企業、また取引金融機関とお互いの株式を持ち合う関係にある。このような企業株主は他社の株式を純粋な投資目的で保有しているのではなく、彼らの株式所有の目的はむしろ企業間関係を強化し、外部からの干渉を排除するというところにある。系列関係にある企業は、正式の（つまり所有権に基づく）企業統治のメカニズムを通じて、当該企業の意思決定過程に対して最終的な支配権を行使することができる。つまり日本の企業間ネットワークのパターンは、日本独特のガバナンスの構造と密接な関連を有している。

言い換えれば、日本的系列関係は、欧米企業間の同盟に比べるとより包括的でより安定的であり、かつ長期継続的なものである。系列関係にある企業は具体的には次の3つの絆によって結びついている。

① まず第1に系列関係にある企業は、何らかの形での取引関係を持っている。それは資本の貸し出し-借り入れの関係であったり、物品や原材料の調達-供給の関係であったり、また製品の流通-販売であったりする。

② 第2の絆は、株式の持ち合いによる所有-被所有の関係である。株式の持ち合いにはその機能によって2つのタイプがある。1つのタイプは、系列内の企業同士が数%ずつ株式を持ち合い、相互の安定株主として機能する場合である。敵対的買収（乗っ取り）や外部からの圧力による取締役解任を防ぐための安定株主工作に協力し合うということである。もう1つのタイプは、親会社が縦の系列関係を持つ子会社や関連会社の株式を数十パーセントというブロックで所有し、持ち株比率に

応じた支配権を行使する場合である。この場合は第1のタイプに比べて経営への介入の度合いは大きい。さらにこの場合、子会社や関連会社も親会社の株式を持ち、親会社の安定株主工作に貢献し、2つの機能を合わせ持つ持ち合い関係も見られる。

③ 第3の絆として役員の派遣ということがあげられる。欧米においても複数の会社の役員を兼任するという現象は一般的であるが、この場合は1つの会社の常勤の取締役が、他社の非常勤の社外取締役を兼ねるということが多い。しかし日本の系列内の企業間の役員派遣の場合は、状況はかなり異なる。日本における役員派遣は、「出向」と呼ばれるより広範な人事交流の一環として捉えられるべきものである。1つの会社から別の会社へ移動する役員は非常勤の社外取締役の仕事に就くのではなく、移転先の企業で常勤のポストに就く。日本の場合、欧米の社外取締役のように会社が経営環境の変化に対応するように監視したり、会社全体の経営状況を良くするといった幅広い任務を負うというよりはむしろ、派遣役員は、企業間の、あるいは企業と政府との特定の関係を強化するといった役割を担う。たとえば、派遣企業が派遣先企業の出資者である場合、派遣役員は派遣先企業を監視するという役割を担う。あるいは派遣役員は、自らの人脈を使って派遣先企業のために仕事を獲得することを期待されることもある。

【2】「横の系列」と「縦の系列」―バブル崩壊後の変容

「系列」は、その機能と構造により、2つのタイプ、すなわち「横の系列」と「縦の系列」に分類される。

（1）横の系列

このタイプは、英語のhorizontal keiretsuを訳して「水平系列」とも呼ばれ、また銀行を核とする企業集団であるため「金融系列」とも呼ばれる。銀行を中心として株式持ち合い等により緩やかに結びついた水平的な企業間関係によって形成される。19世紀末から20世紀初頭にかけて形成された財閥が第二次大戦後に解体された後、再び旧財閥系の企業が緩やかな結び付きを持ったグループを形成し、新たな企業間関係を発展させた。これが横の系列であり、１９９０年代までは旧財閥系の都市銀行が六行（三菱、三井、住友、富士、第一勧業、三和）存在し、それぞれを中心とする企業集団が存在していたため、六大企業集団と呼ばれた。しかしその後１９９０年初めのバブル崩壊、１９９９年の「日本版金融ビッグバン」を経て銀行の合併、統合による再編が進み、六行あった旧財閥系の大規模都市銀行、いわゆるメガバンクは、２０１４年現在では三行（三菱東京ＵＦＪ、三井住友、みずほ）となっている。旧財閥系以外の都市銀行や地方銀行を中心とする企業グループも多数存在するが、日本の産業組織に大きな影響力を持つのは旧財閥系の都市銀行を中心とする大規模な系列である。

典型的な金融系列は、しばしば大船団にたとえられる。ケンイチ・ミヤシタとデーヴィッド・ラッセルは、著書*Keiretsu*の中で系列を大艦隊にたとえながら、この状況を以下のように説明する。(21) すなわち、この大船団の中心には、常に自他ともに認める旗艦があり、これは都市銀行である。しかしながら船団の核の中には、しばしばもう1つの巨艦が存在する。これが商社であり、商社は銀行のすぐ横を航行しており、影響力においては、概ね銀行に匹敵する。

さらに船団の核の中には3番目の巨艦として製造業が存在することがある。これら2－3社の巨大企業の周りには中核となるメンバー（通常、生命保険会社、損害保険会社、信託銀行などの金融関連企業、

（21）Miyashita, K. and Russell, D. W.（1994）*Keiretsu: Inside the Hidden Japanese Conglomerates*, New York: McGraw-Hill, p. 10.

さらに1－2社の非常に大きな製造業企業）が位置する。金融機関、商社、そして中核となる製造業者がその系列のブランド・イメージとアイデンティティを形成する。これら中核となる企業の周辺には多数の小艦隊があり、いくつか集まって航行する場合もあれば単独で航行する場合もある。また中核から遠く離れた周辺部に点在する企業も多い。中核企業群から遠く離れたところにある企業には通常小さい企業が多いが、大企業の中にも中核企業群からかなりの距離を保つことを選択する企業もある。また大企業の中には、「独立している」というイメージを保ちたいと考える企業も多く、こうした企業は、グループのいずれとも公式の結びつきを持っていない。こうした企業は企業系列からの独立を維持するように努力はするが、通常、系列の中心となっている大銀行のうちの少なくとも一行と取引関係を持っている[22]。

1990年初めのバブル崩壊以降の金融界再編の波は、これまでの横の系列のあり方に大きな影響を与えている。すでに1980年代から日本における商業銀行の数は徐々に減少してきたが、バブル崩壊により不良債権を抱えて経営破綻に陥る銀行も出現し、銀行業界での合併や統合が進み始めた。1996年から2001年にかけて「日本版金融ビッグバン」と呼ばれる規制緩和が実施され、銀行、信託、証券など金融業界における業態別の垣根が取り払われた。これは金融界の縦横無尽な再編に拍車をかけることになった。金融自由化に伴い、大企業においては直接金融による資金調達が容易になったため、銀行依存からの脱却が進んだ。

先に述べたように、日本の系列関係は、所有構造を規定している株式の持ち合いという制度によって支えられてきた。しかし本章の「4　企業統治」で詳しく述べるように、1990年代に入ってから、業績の低迷が続く国内の企業や金融機関は、収益性の低い保有株式を売却し始め、株式持ち合いの度合

(22) 前掲 (21)。

いは徐々に低下してきた[23]。従来からのメインバンクとの緊密な取引関係を維持する大企業も存在する一方、多くの大企業において関係はより希薄なものになっていった。また銀行にとっても、バブル崩壊後の不況の中で、特定の企業あるいは企業グループに多額の融資をすることのリスクが顕在化したため、かつてのような企業とメインバンクの間の親密な関係は見られなくなった。しかしながら、中小企業にとっては社債の発行などによる資金調達は依然として容易でなく、大半の中小企業がメインバンクを有している。

(2) 縦の系列

以上、横の系列について述べたが、系列には「縦の系列」と呼ばれるもう1つのタイプがある。縦の系列とは、簡単にいうと下請け関係を軸とするピラミッド型の体系であり、生産システムの体系である「産業系列」と、親会社の製品を販売するための流通システムの体系である「流通系列」の2つのタイプがある。

系列に関する混乱の一因は、横の系列と縦の系列が、かなりの部分で、重なり合っているというところにある。つまり横の系列の中には多くの縦の系列が内包されている。いずれかの横の系列に属する主要企業のほとんどすべてが、それぞれが有する縦の系列のヘッドである。つまり、たとえば三菱重工、住友化学、三井物産、東レ、旭硝子といった会社は、その傘下にそれぞれ数百社、あるいは数千社という会社を従えている。こうした縦の系列においては、それぞれの主要企業が頂点に位置し、より小さい企業がその下に幾層にも重なって連なる巨大なピラミッドであると考えられる。横の系列は、それぞれが縦の系列のヘッドである主要大企業の集合であり、それぞれの大企業の下には、縦の系列を形成する

(23) SankeiBiz「株式持ち合い、解消の動き進む 12 年度末 16・8% 4 年連続最低更新」(http://www.sankeibiz.jp/macro/news/130905/eca1309050600002-n1.htm) 2013 年 9 月 5 日。

中小企業の巨大な集合体が存在するわけである。三菱グループを例にとって横の系列と縦の系列の関係を示すと図表3-2のようになる。

東京証券取引所の一部および二部に上場されている企業の多くが、縦の系列のヘッドである。ということは、日本の産業を形成している縦の系列の数は膨大なものになるということである。現在東証一部に上場されている企業は１８００社以上（２０１４年9月時点で１８３０社）あるが、これらの企業は、日本の産業界では最も大きく、最も影響力のある企業だと考えられている。これら一部上場企業それぞれが、その傘下に数十、数百、あるいは、ときには数千という子会社や関連会社を抱えている。縦の系列は、ほとんどの産業分野において存在する。情報、通信、広告、出版といった非製造業においても縦の系列は存在するが、業界全体がより大規模な系列によって隅々までより徹底的に組織されているのは製造業である。中でも自動車、家電、コンピューターにおいてはこの現象が顕著である。たとえば、トヨタ、ＮＥＣ、日立製作所といった巨大製造業者を例にとって見ると、日本の典型的な系列の構造をよく理解する

図表3-2　横の系列と縦の系列の関係（三菱グループの例）

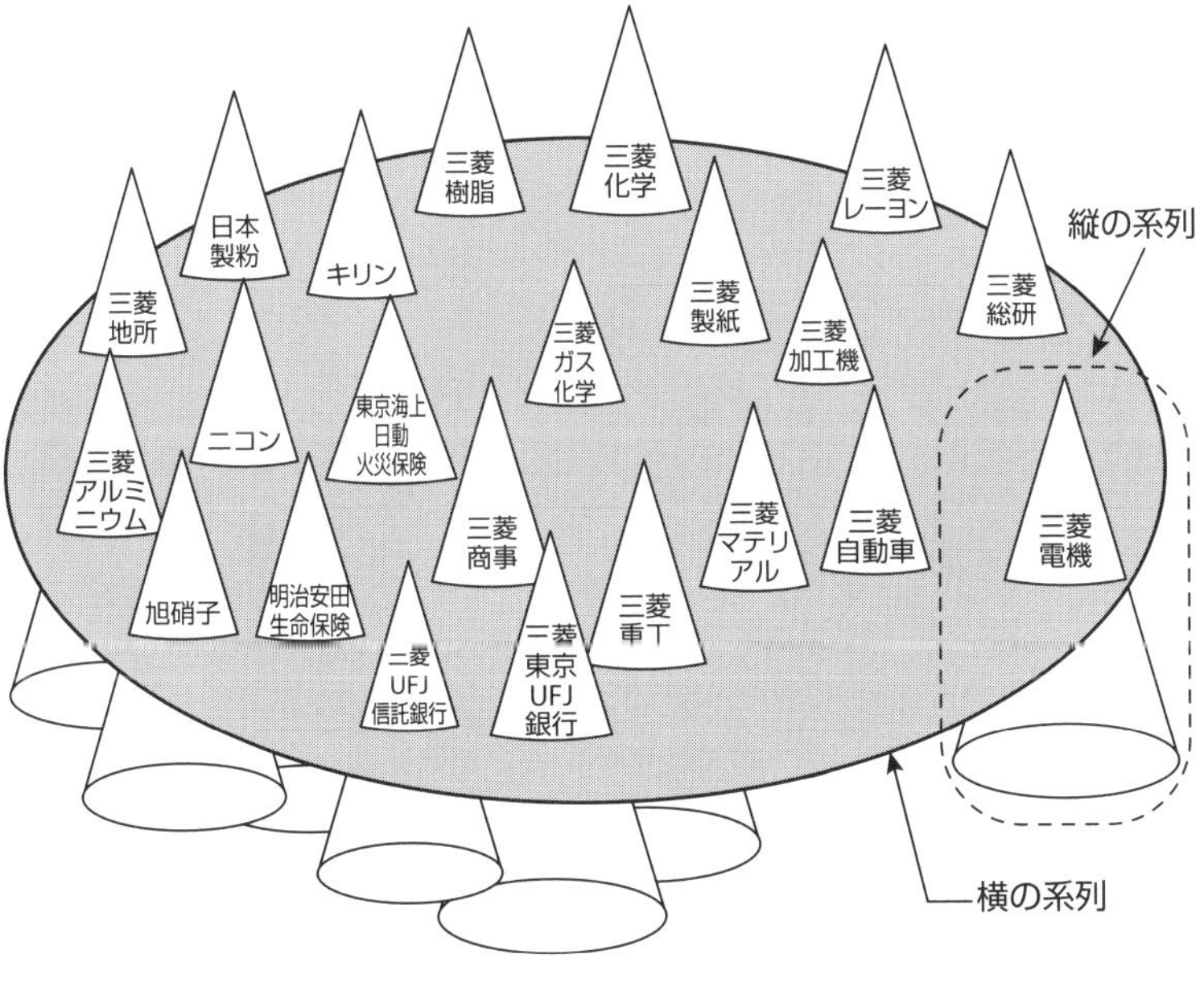

ことができる。

先に述べたように、縦の系列は幾層もの企業群が積み重なったピラミッドのような形態を持つ。製造業の生産システムの系列ピラミッドにおいては、下層にある会社がその上の層にある会社のために部品を作ったり、部分的な組み立てを行う。これらの部品は系列関係に沿った供給パイプによって上へ上へと運ばれていき、最終的にはピラミッドの頂点にある親会社で最終製品となる。ピラミッドの最下層にある小さな企業は、会社と呼ぶにはふさわしくないほど小さく、家族が自宅の一室で電子部品の組み立てを行っているようなところもあれば、数人の従業員を雇用する町工場もある。これらの工場は、その上の階層にある少し大きな会社から注文を受け、その少し大きな会社は、もう1つ上の階層にあるもう少し大きな会社から注文を受ける。これらの企業は100人から200人程度の従業員を雇用し、政府の分類によればすべて「小企業」である。こうした小企業が系列ピラミッドの下半分を占め、そして日本の産業の大きな部分を占めている。これら小企業の上には、ピラミッドの中間あたりに位置する中規模の企業があり、これらは通常、ピラミッドの頂点にある親会社の子会社である。

よく知られているように、伝統的な系列関係においては、忠誠と信頼が重要であると考えられ、こうした価値観に基づく取引関係が、取引コストを低減するのに大きく貢献する。そのため下請け企業は、専ら1つの親会社の仕事だけを引き受け、他社の仕事を引き受けることは難しい。こうした企業間関係は、日本に特有の現象である。ちなみに欧米では下請け企業は複数の会社と契約を結ぶのが一般的である。つまりフォードの部品を製造している会社が、フォードの競争相手であるGMやクライスラーにも部品を供給している。

しかしながら日本の生産および流通系列内の取引関係におけるこうした専属的、排他的特性は、近年

料金受取人払郵便

神田支店
承　認
8175

差出有効期間
平成28年7月
14日まで

郵便はがき

101-8796

511

(受取人)
東京都千代田区
神田神保町1－41

同文舘出版株式会社
愛読者係行

毎度ご愛読をいただき厚く御礼申し上げます。お客様より収集させていただいた個人情報は、出版企画の参考にさせていただきます。厳重に管理し、お客様の承諾を得た範囲を超えて使用いたしません。

図書目録希望　　有　　無

フリガナ **お名前**		性別 男・女	年齢 才
ご住所	〒 TEL　(　　)　　Eメール		
ご職業	1.会社員　2.団体職員　3.公務員　4.自営　5.自由業　6.教師　7.学生 8.主婦　9.その他(　　)		
勤務先分類	1.建設　2.製造　3.小売　4.銀行・各種金融　5.証券　6.保険　7.不動産　8.運輸・倉庫 9.情報・通信　10.サービス　11.官公庁　12.農林水産　13.その他(　　)		
職種	1.労務　2.人事　3.庶務　4.秘書　5.経理　6.調査　7.企画　8.技術 9.生産管理　10.製造　11.宣伝　12.営業販売　13.その他(　　)		

愛読者カード

書名

◆　お買上げいただいた日　　　　年　　月　　日頃

◆　お買上げいただいた書店名　（　　　　　　　　）

◆　よく読まれる新聞・雑誌　（　　　　　　　　）

◆　本書をなにでお知りになりましたか。

1．新聞・雑誌の広告・書評で　（紙・誌名　　　　　　　　）

2．書店で見て　3．会社・学校のテキスト　4．人のすすめで

5．図書目録を見て　6．その他（　　　　　　　　）

◆　本書に対するご意見

◆　ご感想

●内容	良い	普通	不満	その他（　　　　）
●価格	安い	普通	高い	その他（　　　　）
●装丁	良い	普通	悪い	その他（　　　　）

◆　どんなテーマの出版をご希望ですか

<書籍のご注文について>

直接小社にご注文の方はお電話にてお申し込みください。宅急便の代金着払いにて発送いたします。書籍代金が、税込1,500円以上の場合は書籍代と送料210円、税込1,500円未満の場合はさらに手数料300円をあわせて商品到着時に宅配業者へお支払いください。

同文舘出版　営業部　TEL：03－3294－1801

変わり始めている。ますます熾烈になる国際競争の中で、コスト削減と品質向上の必要性は、かつてないほど逼迫したものとなった。国際的規模で「より良い物をより安く」手に入れる方法を求めて、部品提供の系列制度など旧来の取引慣行の見直しを進めている企業も少なくない。たとえば、自動車産業においては部品調達ネットワークのグローバル化が進む一方、長年続いてきた系列関係が徐々に崩れており、特にフォードの傘下に入ったマツダ自動車、またルノーの経営参加を受け入れた日産自動車は、「効率化」の旗印のもと、これまで部品を提供してきた国内の下請け企業との契約打ち切りを敢行している。

日本的系列制度はカルテル的な行動を生む可能性もあり、その結果、企業間の自由な競争を阻害し、新規参入を困難にする危険がある。こうした排他的特性ゆえに、しばしば海外からの批判の対象にもなってきた。しかしながら一方、日本の系列制度は、信頼関係に基づく長期継続的な安定した取引を慣行とするため、取引ごとにそれにかかわる企業間の関係を構築する必要がなく、「取引コスト」の削減に寄与するという点において経済合理的なシステムである。具体的には、たとえば親企業である組立メーカーと部品供給者の連絡を緊密にすることによって、ジャスト・イン・タイム方式を効果的に実施することができる。長期的な取引が保証されていれば、部品を供給する下請け会社は工場を組立メーカーの近くに設置することが合理的となる。両者の近接により運送コストを抑えることができ、組立ラインの生産時間に合わせた部品の即時納入体制が可能になり、在庫コストの削減を図ることができる。トヨタおよびその系列会社は、トヨタの組立工場がある豊田市の周辺に部品工場を配置することによって、トヨタ看板方式（ジャスト・イン・タイム方式）のメリットを最大限に享受している。

さらに系列関係は研究開発を促進するメリットがあるといわれる。組立メーカーが下請けの部品メーカーと長期的な関係を持っていれば、新製品の開発にあたっても協力し合うことができ、最終製品の設計段階から系列企業が参画し、部品の品質や適合性を確認できる。安定的な関係は、部品メーカーにその取引関係の中でしか価値がないような技術開発や設備投資を進んで行うインセンティブを与えることになる。こうしたことも広い意味で取引コストを節減しているといえる。

このように系列関係においては、親企業もその傘下にある系列企業も共に取引コストを低くすることができ、そのかぎりにおいてはそれら企業の競争力に寄与するものである。しかし系列関係のメリットは、グループ内の企業によって均等に享受されているわけではなく、ピラミッド構造における比較優位に応じて享受できるメリットの大きさは異なってくる。いうまでもなく、ピラミッド構造の上位に位置する企業ほどより大きなメリットを享受することがすることができる立場にある。親企業はその傘下にある系列会社の株式を保有しており、持ち株シェアに応じた支配権を行使することができ、また監視・介入機能を行使するインセンティブを持つ。33％以上の株式を保有していれば、商法の規定により役員の解雇を阻止することができるので、最終的な経営権を握ることになる。

系列制度の強みは、２００８年のリーマン・ショックが引き金となった世界同時不況の際にも生かされた。大企業の減産の影響で多くの下請け部品メーカーが資金繰りに困り、倒産の危機にさらされた。愛知県豊田市でもトヨタの減産の影響が下請けメーカーにも広がり、経営破綻する会社も出始めた。しかしトヨタはグループをあげて下請けメーカーを支援し、下請け倒産を最小限に食い止め、トヨタの強みだった強固なサプライチェーンを守り抜くことができた。独自技術を持った部品メーカーが資金繰りで倒れると、景気が回復して増産するときに対応ができなくなることをトヨタは恐れたのである。系列部品メーカーの破綻でトヨタが外部からの部品調達を増やした場合、製造コストの増大につながる可能性があるからである。

【3】今後の変化の方向性

これまでは、日本型システムは信用に基づく長期的な関係を重視して自由競争を排除する傾向があるので、外部からの参入者には不利であるが、すでにシステムの内部にいる日本企業にとってはきわめて有効に機能すると考えられてきた。しかしながら急速に進むグローバル化と国内で徐々に進む規制緩和は、日本型システムの有効性の前提である「自由競争の排除」を次第に困難にしつつある。つまりシステムの内部にいる企業自身が日本型システムのメリットを無条件に認めることが難しくなっており、競争に勝ち抜くためには、このまま従来型のシステムに安住していることはできないという危機感を持つようになってきた。さらに、本章の「4　企業統治」でも述べるように、企業の資金調達方法の変化、株式持ち合いの解消、外国人株主の増加、という構造的な3つの要因が、相互に関連しながら企業の所有構造を徐々に変え、系列関係の変化を促している。

今後日本の産業組織がどのような方向に変化していくのかに関して現時点では定まった見解はない。1つの可能な方向性として考えられるのは寡占化の進行ということである。日本においては、主要な産業分野において、欧米に比べると主要企業の数が多い。銀行業界で系列を超えた再編が進んでいるということは前にも述べたとおりであるが、他の産業分野においても合併、統合によって再編が進むものと考えられる。合併、統合の目的は規模の拡大により業務効率を高め、高コスト体制を改善することである。こうした再編は系列の関連・子会社を巻き込むものであり、系列企業間でも再編が進むものと考えられる。さらにビッグバンの一環である持株会社の解禁は、経済力の集中を可能にする。

寡占化と経済力の集中によって、企業集団の数が減少したとしても、各企業が系列システムの経済合理性を認めるかぎり、こうした企業間関係の実態が大きく変わるということはないであろう。ただ激化する競争の中で、系列関係の経済合理性に関してより厳しいチェックがなされることになるであろうし、その結果、系列関係はより流動的なものになるであろう。またグローバル化の波の中で、外国企業とのネットワークが拡大されていけば、企業間関係はこれまでのような単純な構造によって説明できるものではなく、より複雑で入り乱れたものになることが予想される。

長期継続的な安定した取引関係の経済合理性面でのメリットは、制度派経済学者や「埋め込み」理論を提唱する経済社会学者達によってすでに十分説明されている。しかしブライアン・ウズィーの米国アパレル業界に関する研究によれば、適度の埋め込みが最良であり、過度の埋め込みは効率の低下につながるという。(24) このようなことは日本の系列関係についてもあてはまると考えられる。すなわち日本においては、安定した取引関係のメリットが完全に放棄されるということはないが、経済合理性を損なうような過度に固定的な埋め込みが是正され、より柔軟な企業間ネットワークのあり方が模索されることになろう。また今後の企業間取引においても、信頼関係と社会関係資本の重要性は変わらないであろう。社会関係資本については、第4章で述べるように、排他性を生むような「結束型」の社会関係資本を制御しつつ、より幅広いアイデンティティや互酬性を生み出すことができる「展開型」の社会関係資本を発展させていく必要がある。

(24) Uzzi, B.（1996）The Sources and Consequences of Embeddeness for the Economic Performance of Organizations: the Network Effect, *American Sociological Review*, Vol. 61, No. 4（August), pp. 674-698.

4 企業統治

【1】日本型「インサイダー型」企業統治

(1)「インサイダー型」と「アウトサイダー型」

日本においては「インサイダー型」と呼ばれる企業統治のスタイルが一般的である。インサイダー型の企業統治のシステムにおいては、企業の長期的な存続と利害に関心を持ち、企業と緊密な関係を持つステークホルダーによる内部からの経営の監視が重要な役割を果たす。さらにこのシステムの特性として、①銀行ベース型の資金調達が一般的で、主取引銀行が企業の監視において重要な役割を果たしていること、②従業員や労働組合が内部監視の主体として大きな影響力を持つこと、③大部分の株式が安定株主に保有されており、証券市場があまり発達しておらず、投資家としての株主の影響力が比較的小さいこと、などがあげられる。こうした特性は、日本だけでなく、ドイツ、フランス、オーストリア、イタリア、ポルトガル、スペインなどの大陸ヨーロッパ諸国の企業統治システムにおいても見られる[25]。

インサイダー型システムの下では、非常に限られた機関投資家が監視すればよいため、監視介入のコストを節約することができるという大きなメリットがある。しかし一方、従業員の発言力が大きいために雇用調整が難しく、社内失業者を抱え込み、社会的コストを内部化する傾向がある。さらに、経営権が安定しているために経営者が不透明で恣意的な経営を行う危険性が生ずるといったデメリットがある。

一般には、内部監視型システムは、経営をめぐる確実性が高いときには有効であり、経営環境が不確

(25) 前掲 (3), p. 18.

実なときには有効性が下がるといわれている。日本においてもバブル崩壊後の１９９０年代になってインサイダー型システムのこうしたデメリットが表面化し、改革案が検討されるようになったが、これについては後で詳しく述べる。

このようなインサイダー型の企業統治に対し、アメリカやイギリスでは、市場を通じての外部からの監視が支配的であり、特に株主が株式市場を通じて頻繁に支配力を行使する。先に述べたように、このようなシステムは「アウトサイダー型」と呼ばれる。アウトサイダー型システムの下では、証券市場が発達しており、金融市場ベースの資金調達がなされ、年金基金などの機関投資家が大きな影響力を持つ。こうしたシステムの下では、企業の売買が比較的自由に行われ、企業の合併吸収活動も盛んであり、また企業売買が企業の再編成を促進する効果を持つ。さらに、市場における評価が経営者の行動に強い影響を与え、株価がストック・オプション制度などを通して経営者報酬につながるため、経営者にとっては強いインセンティブ効果が働く。しかし一方、１つの企業を多数の投資家が監視するため、監視機能の重複と監視コストの増大というデメリットがある。アメリカやイギリス以外にも、カナダ、オーストラリア、オランダなどがアウトサイダー型の企業統治システムを持つ[26]。

以上述べたように企業統治のシステムは、国によっても大きく異なるし、またそれぞれの国においても、歴史的に大きく変化してきた。戦後50年間日本において支配的であったいわゆる日本型のインサイダー型企業統治の形態は、戦時体制の下での経済政策の産物であるという点において、その形成過程はきわめて特異なものであった。

（26）前掲（3), p. 18.

（2）戦時体制下での経済政策と日本型企業統治システムの原型の形成

アメリカにおいても、ヨーロッパにおいても、また日本においても、株式会社が歴史上誕生した当初は、株主が会社の支配権を握り、古典的な株主支配モデルに近い統治のシステムが一般的であったが、やがて会社の支配権は株主の手から経営者の手に移っていく。この支配権移行の方向はこれらの国々に共通しているが、その歴史的経緯は国によって異なる。日本の場合、株主から経営者への支配権の移行の直接的なきっかけとなったのは、戦時期の統制経済体制の確立であり、これは日本に固有な歴史的背景である。

戦前の日本企業は、19世紀末から20世紀初頭にかけてのアメリカ企業と同様、古典的な「株主支配モデル」に近い統治の構造を備えていた。20世紀初頭の日本の産業化の過程においては、持株会社（ホールディングス）制度が企業統治において重要な役割を果たした[27]。持株会社に株式所有が集中するという特徴は、財閥系企業、非財閥系企業双方において共通したものであった。大株主としての持株会社は、リスクを負って企業に多額の投資をしていたわけであるから、企業の経営を監視し、支配することに強い関心を持っていた。株主利益の増進が重視されるこうした統治構造においては経営者の自由裁量は相対的に低く、また経営者を株主利益の向上に努めるように動機づけるために、経営者に対する報酬も現在に比べるとより密に利益と連動するように設定されていた。戦前のシステムにおいては、資本提供者としての銀行の役割は株主のそれと比べて小さく、また、従業員のステークホルダーとしての影響力は非常に小さいものであった[28]。

戦前のシステムが大きく変化し戦後型のシステムの基礎が構築される契機となったのは、1937年に始まる戦時経済体制の構築である。戦時体制の確立は、まず株主の支配力を削ぎ、株式市場の機能を

(27) 持株会社制度は、ドイツなどでは現在においても依然として重要な役割を果たしている。日本においては、持株会社制度は戦後の財閥解体と同時に消滅したが、半世紀を経て1997年にこの制度が解禁となり、その後この制度により組織を再編成する企業は増えている。渡辺聰子（2002）「メインバンク資本主義の崩壊と新しい企業統治システムの構築」『社会学論集』第26号、19-43頁。
(28) 同上。

制限することに始まった。政府の配当統制により、配当率の上昇が抑えられた。また政府が株式市場に対する全面的な介入に踏み切ったことにより、株式市場の株価決定メカニズムは作動しなくなった。こうして株主が株式市場を通じて企業を統治する力は低下し、投資目的での株式保有の魅力は失われた。

企業の資金調達の方法として株式市場を通じた直接金融の比重が低くなるにつれ、銀行からの融資、つまり間接金融の比重が上昇していった。同時に株主の企業に対する支配力は低下し、企業統治における銀行の役割は大きくなった。そして戦後半世紀にわたって日本における企業統治の根幹をなしてきたメインバンク制度の基礎が作られたのもこの戦時期である。一般大衆の預貯金を集めて産業資本として効率的に使うための仕組みとして制度化されていったのが、「協調融資」の制度、つまりいくつかの銀行が共同で1つの企業に対して融資する仕組みであった。協調融資という形をとることにより、1つの銀行が1つの企業に対して多額の融資をすることに伴う貸し出しリスクを分散することができるし、また各銀行の審査コストを節約することができる。1941年には日本興業銀行を筆頭に12の銀行によって時局共同融資団が結成され、主力取引銀行が幹事となって融資先企業を審査し、これに基づいて協調融資を行うメインバンク制度が確立していった。

戦時体制を強化するために労働力や物資の調達を統制する法律が制定され、1940年には大政翼賛会が発足した。労働者を効率的に動員し、生産性の向上を図るためには、労使関係を安定化し、従業員のモティベーションを高める必要があるとの認識から、事業所別に産業報国会が設置され、労使の懇談と従業員の福利厚生の改善にあたることになった。国家目的を達成するためには従業員の貢献が最も重要であるとの政府の見解が明示され、価格統制のためにすでに減少していた利益は、株主に対してではなく従業員に対するインセンティブとして使われるようになった。

古典的な「株主支配モデル」に近い戦前型の企業統治構造は、このようにして戦時期の統制経済体制のもとで大きく変化し、株主の支配力は低下し、それに代わって銀行の役割が増大し、さらに経営者と従業員に対するインセンティブが重視されるようになった。この戦時体制は、戦後の半世紀にわたって日本の企業統治構造に大きな影響を与えることになった。このような戦時体制としての企業統治の構造は、戦後復興期に占領軍によって実施された諸政策によってさらに強化されることになったのである。(29)

(3) 戦後体制の確立―メインバンク制度と日本型企業統治

終戦直後にＧＨＱ（連合国軍最高司令官総司令部）によって実施された財閥解体は、すでに低下していた株主の支配力をさらに縮小することになった。ＧＨＱは、財閥が軍国主義の温床になったとみて、１９４５年、まず三井、三菱、住友、安田など15財閥の資産の凍結・解体を命じ、翌年には財閥系企業の持株会社を解体し、財閥本社および財閥家族所有の株式を、そしてさらに財閥系、非財閥系を含めた主要企業の株式の大半を持株会社整理委員会等の政府機関に移管した。こうした一連の政策により、戦前に企業に対し大きな支配権を行使していた資産家大株主の集団は、ほぼ潰滅した。加えて１９４７年の公職追放令に続く一連の法令により、戦争に関係した経営者および財閥と関係を持つ経営者のパージが実施され、戦前には一般的であった大株主代表である社外取締役および財閥本社からの派遣役員は姿を消し、第2章で述べたように、その後任ポストの大部分を内部昇進者が占めるようになった。

大株主に代わる新しい資本の供給者は銀行であった。再建のための資本は、メインバンクを幹事とする協調融資を日本銀行が斡旋するという形で供給されることになり、これに伴ってメインバンクは、出資者として融資先企業の監視を行う立場になった。

(29) 森川英正（1980）『財閥の経営史的研究』東洋経済新報社；麻島昭一（1983）『戦間的住友財閥経営史』東京大学出版会。

戦後の統制経済の下で過剰人員を抱えて経営状況が悪化した企業に対し、メインバンクを中心とする銀行団は、過剰人員の整理を融資の条件とし、融資先企業が再建計画を実施するかどうかを監視し、必要な場合には経営陣の交代を要求した。銀行の介入により経営の健全化が進み、朝鮮戦争による好景気に助けられ、企業の利益率が改善すると、銀行、信託銀行、生命保険会社などの機関投資家が株式を購入して大株主の地位を占めるようになった。融資先企業に関する審査能力を有し、また融資先企業を監視することに強い関心を持っていたメインバンクが事後的モニタリングにおいて専属的役割を果たし、他の法人株主はメインバンクの監視機能に依存して安定株主として株式を所有するというガバナンス体制の枠組は、１９５０年代に形成されたといえる。

先に述べたように、このような制度の下では、事前的、中間的、および事後的の三段階のモニタリングが主力取引銀行によって専属的かつ統合的に行われる。こうした監視の体制は、メインバンク制度によるガバナンスの特徴であり、アングロ・サクソン型の監視体制との大きな相違点である。アングロ・サクソン型のシステムにおいては、三段階のモニタリングが別々の専門化された機関に委任され、高度に分散化している[30]。

日本におけるこのようなメインバンクと融資先企業との緊密な取引関係は、もちろん他国においてまったく存在しないわけではないが、例外的である。アメリカやヨーロッパ諸国においては、銀行は一般に財務困難に陥った企業の救済に積極的にかかわることを控える傾向があり、また救済に対するインセンティブも小さい。日本と欧米の企業統治の実態を比較研究した吉森賢は、欧米の状況を次のように説明する[31]。融資先企業が財務困難に陥った場合、欧米の銀行の一般的行動は、融資の引き上げである。一方、再建計画の作成は、コンサルティング会社に委託されることが多く、主力取引銀行は、借り入れ金

(30) 前掲 (16)、126頁。
(31) 前掲 (18)、120頁。

返済の条件の緩和など、限られた側面で企業を支援する。

日本の統治システムにおいては融資先企業を監視する立場にある金融機関は、旧大蔵省の銀行局（2001年以降は金融庁の監督局）や日銀の信用機構局などの金融当局によって監視される。金融当局は、規制を設けると同時に、行政指導を通して金融機関の経営に対して監視、介入、および保護を行い、監視システムの頂点に立つ。こうした金融行政のあり方は護送船団方式と呼ばれ、金融当局の大きな裁量権の行使がその維持の前提となるものであった。金融当局に監視保護されている銀行は、融資と株式の保有を通じて個別企業を監視する。銀行、特にメインバンクの地位を確保している銀行は、企業と互いの株を持ち合うことによって互いの安定株主となり、外部からの介入を排除し、相互に経営の安定を図る。企業に対する監視、介入は、専ら持ち合い関係にあるメインバンクによって行われることは先に述べたとおりである。

大企業の傘下にある子会社や関連会社に対する監視・介入は、通常銀行によって行われるのではなく、親会社である大企業によって行われる。この日本型監視のシステムは、ピラミッド型のヒエラルヒーを成すものであり、上部に位置する機関が、下部に位置する機関を支配する構造を持つものである。メインバンクが企業の存続に関して最終責任をとるという暗黙の了解は、企業が中間的モニタリングの段階でメインバンクに対して正確な情報を与え、誠実にその監視に従うインセンティブを生じさせる。すなわち企業は誠実に監視に従うことによって財務困難に陥ったときにはより寛大な処置を受けることができると考えて行動するわけである。

このようなインサイダー型の統治システムのメリットは、一言でいうと取引コストと監視コストの節約である。先にも述べたように、このようなシステムは経営をめぐる確実性が高いときには有効であるといわれ、1950年代から1970年代にかけての高度成長期に最も効果的に機能した。しかし、1990年のバブル崩壊後、経営環境の不確実性が増してくると、それまで支配的であった日本特有のメインバンク制度とインサイダー型統治システムは、様々な問題を抱えるようになった。

【2】1990年代以降の変容と今後の取締役会改革

1990年代以降、日本型インサイダー型システムがそれまでのように機能しなくなったのは、次のような原因によるものである。

① まず第1に、規制緩和により企業の資金調達の方法が多様化し、株式や社債などの直接金融の比重が高まり、一般企業の銀行からの借り入れへの依存度は低くなった。これにより、一般企業と銀行の力関係が変化し、銀行の影響力は弱まり、メインバンクによる融資先企業の緊密な監視が行われなくなった。

② 第2には、1990年のバブル崩壊を契機にこれまで市場で売買されることのなかった持ち合い株式の売却が進み、安定株主が減少していった。つまりこの頃から、業績が低迷してリストラを余儀なくされた国内企業は、収益性の低い保有株式を売却し始め、株式持ち合いの度合いは徐々に低下していった。事業会社が保有する銀行株式の持ち合い比率も、上場株式総数のうちの持ち合い株として保有されている株式の割合も減少した。また1999年あたりから、銀行側からの持ち合い株の売却も進み始め、事業会社と銀行の間での相互の持ち合いというシステムは崩れ始めた。

上場株式総数のうち、持ち合い株として保有されている株式の割合は、1992年度末には49・6%だった[32]。その後も低下が続き、敵対的買収の動きに対する警戒感から一時的に持ち合い比率は

(32) 前掲 (23)。

上昇に転じたが、2009年ごろからは、再び低下傾向を示すようになり、2012年度末の持ち合い比率は16・8％になった[33]。つまりインサイダー型統治が機能する前提である「相互に機会主義的な行動をとらない」という暗黙の合意が必ずしも守られなくなったのである。

持ち合い株式の売却により放出された株式は株式市場で外国人株主などの市場投資家によって吸収されている。持ち合いの解消による所有構造の変化については、日本の上場企業の間でも個別企業による差が大きい。外国人投資家が急速に増加し、資金調達をほぼ完全に市場に依存している企業群が出現する一方で、持ち合いを維持し、依然、資金調達を銀行に依存している企業も相当数存在する。

③ 第3には、これまで余り発言することのなかった一般株主の発言力が増大したことである。さらに資本市場のグローバル化が進み、日本企業においても外国人株主が増加し、ソニー、NECをはじめ、多くの日本企業で外国人株主が相当の割合を占めるようになっている。企業のこうした資本面でのグローバル化に伴い、株価の上昇、配当の上昇につながる収益（ROE―株主資本利益率）の上昇を求める声は強くなる。企業の主要株主が系列や取引関係を軸とする安定株主から、経営内容に応じて保有するかどうかを判断する内外の市場投資家の手に移れば、経営者の行動パターンも株主の利益を考慮する方向へ動かざるを得ない。

伝統的なメインバンク制度においては、企業の株式を所有し、大きな貸出債権を持つメインバンクが、経営者に規律を加えるという仕組みが機能していたために、従来型のインサイダー型システムの問題が表面化しないで済んだ。つまり、従来型のシステムにおいては、企業が相互に株式を持ち合い、安定株主として機能するため、株式市場からの圧力が働かない。また取締役会が内部昇進者で構成されている

(33) 前掲 (23)。

ため、経営者が従業員の利益のみを追求しがちである。こういった理由により株主の利益がないがしろにされるというリスクがあった。しかしメインバンクが監視することにより、こうしたリスクはある程度、回避されてきたのである。

しかしながら、メインバンクによる融資先企業に対するモニタリング機能が低下し、経営に対する緊密な監視が行われなくなった今、どのようにして経営に対する監視を行うかが大きな課題となっている。

そのための具体的対策としていくつかの企業で検討されているのが、取締役会と執行役会の分離である。すなわちアメリカのように、取締役会と執行部隊を分け、さらに取締役会には社外取締役制度を設けるというやり方である。つまり取締役会は、執行に対する命令権（すなわち人事権）を持つ社外取締役を入れて管理統制を行う最高機関とする。執行は、取締役会とは別の執行役員によって行われるという体制である。これにより、経営と監督をより明確に分離することができ、取締役会が「経営者を監視する」という本来の機能を十分に果たすことができるようになるというわけである。さらに社外取締役制度により、経営者の意思決定に対して社会の常識によるチェックがなされ、不祥事件の発生を防ぐ上でも有用であるという意見は強い。

社外取締役制度を促進することになったのが、2009年の東証の有価証券上場規程の改正である。「一般株主保護のため、社外取締役・社外監査役の中から、一般株主と利益相反が生じるおそれのない者を『独立役員』として1人以上確保する必要がある」というものである。2013年時点で上場企業の半数以上で社外取締役が設置されている。[34] しかし、多くの先進国において、社外取締役の設置が必ずしも企業のガバナンスの強化に結びついていないことが最近の研究によって明らかになっている。その理由の一つは、社外取締役の2つの役割、つまり「経営陣に対して助言をする」という役割と「経営陣

(34) トーマツ「社外取締役制度を意味のあるものにするために」（http://www2.deloitte.com/jp/ja/pages/human-capital/articles/hcm/hc-initiative72.html）2014年4月21日。

を監視する」という役割が相反するものであるからだとコリン・メイヤー（イギリスの経営学者）は指摘する。[35] 社外取締役の制度を実際にガバナンスの強化・改善につなげるためにはさらなる制度改革が必要であろう。

取締役会改革をめぐるもう一つの動きは、取締役会の再構築（リストラ）と役員報酬体系の変革である。先に述べたように、日本企業では多くの経営幹部は内部昇進者であり、役員ポストは終身雇用・年功序列体制における昇進の褒賞として使われるため、役員ポストの数が必要以上に増える傾向がある。しかしこうした企業では、今後は取締役会のリストラ、あるいは人数の削減が求められるであろう。経営幹部のモティベーションを高め、企業の発展に必要な創造的能力やリーダーシップを持った人材を活用したり外部から採用するためには、多くの日本企業で成果を処遇により大きく反映するようなインセンティブ制度への変革が必要になる。これについては、本書第6章2［1］で詳しく述べる。

本章で述べたように日本企業の間では株式の持ち合いの解消が進んでいるが、長期の安定株主が消滅してしまって短期保有の株主ばかりになると弊害も生ずる。各株主が短期間の運用成績を向上させようと企業に様々な圧力をかけ、経営者が振り回されるようになる。アングロ・サクソン型の株式市場で発生しているこうした弊害は避けなければならない。

経営の監視という観点からは株式市場からの圧力は必要であり、過剰な持ち合い状況は是正されなければならない。また市場に流動性を与えるという短期投資家の役割は重要である。しかし短期で売買を繰り返す株主が大半になり、経営が彼らの行動に大きく左右される事態は防がなければならない。したがって、企業にとっては、短期の投資家も長期の投資家も必要であり、両者のバランスが重要である。

（35）Mayer, C.（2013）*Firm Commitment: Why the corporation is failing us and how to restore trust in it*, Oxford: Oxford Univ. Press.（宮島英昭・清水真人・河西卓弥訳『ファーム・コミットメント―信頼できる株式会社をつくる』エヌティティ出版、2014 年。）

第4章

日本型経営の強さと継承すべき価値

1 はじめに

日本企業がこれから新たな発展を遂げるためには、これまでの日本企業の強さが何であったのかを確認し、「今後も継承されるべき日本型経営の価値とは何か」を改めて問い直す必要がある。もちろん、日本企業の経営方法がすべて優れているわけでは決してなく、本書を通じて述べているように、改善すべき点、欧米の企業から学ぶべき点は多い。しかしながら、近年、グローバル化の競争圧力によって促進されてきたアングロ・サクソン型の市場主義に傾倒する企業経営に対する懸念が世界的に高まっている。2008年のリーマン・ショックに端を発した金融危機、その後の世界同時不況は、それまでの世界経済の潮流に1つの変化の兆しをもたらした。それは一言でいうと、行き過ぎた市場主義の見直しということである。

こうした中で、日本の経営者の間で日本的な経営の長所を再評価する動きが出ている。また同時に、欧米のビジネススクールや経営専門家の間でも日本の企業経営が再び注目を集め始めている。高度成長期に高まった日本の経営に対する国際的な関心も1990年代以降は薄れる傾向にあり、代わって中国やインドなどの新興国が注目されるようになっていた。しかし最近、日本企業の経営を再評価する欧米の専門家も増えている(1)。日本的な経営に対する関心はさらにアジアにおいても広がっており、中国の経営者の間にも日本的な経営手法や哲学を学ぶ動きが見られる(2)。

本章においては、日本企業の強さの根幹にある「経営の原理」は何であるのかを分析し、その中で今後も維持されるべき有用な理念と行動原理は何かを明らかにする。本書では、さらに、こうした日本型

(1) ブログ「日本型経営をどのように再生させるべきか、ミンツバーグ教授からのアドバイス」(http://ameblo.jp/makworld/entry-11503083378.html) 2013年4月2日；日本経済新聞「日本企業を再評価―来日したハーバード大教授18人」(http://www.nikkei.com) 2014年3月29日。

(2) NHKクローズアップ現代「〝日本式経営〟ブーム？」2014年7月21日放送。

経営の強み、特に組織の人間的側面にかかわる長所を今後の展開にどのように生かすことができるかを、実例をあげながら考える。

2 日本型経営を支える社会関係資本

【1】日本の企業組織と「イエ」制度(3)

伝統的な日本的経営についてはこれまで多くの議論がなされ、数多くの著書が出版されている。こうした過去の研究を通じて、一般的な認識となっているのは、1980年代まで日本の大規模組織において踏襲されてきたいわゆる「日本型経営」は、日本の伝統的な家族制度である「イエ」に由来する部分が大きいということである(4)。つまり、日本の近代的な大企業は、経営体としては擬似的な「イエ」として形成され、組織内の人間関係および社会関係は擬似的な家族関係として編成されていたということである。また日本的な企業組織の組織原理および行動規範は、伝統的な「イエ」家族組織と同様に、儒教倫理の影響を強く受けたものであった。こうした事情については、第2章においても触れた。

しかしながら、こうした伝統的な家族組織に由来する日本型経営が、どのようにして日本の大企業の発展と経済の発達を促進することになったのであろうか。この点を理解することは、日本的経営の強さを分析する上で重要である。伝統的なイエ制度がなぜ近代的な企業組織の発展に結びついていったのかを理解する上で鍵となる点がいくつかある。

(3) 家制度とは、1898（明治31）年に制定された民法により規定された日本の家族制度である。徳川封建時代に形作られた武士階級の家父長制的な家族制度に基礎を置き、戸主に家の統率権限が与えられていた。第二次大戦後の1947年には、新憲法（日本国憲法）の制定にあわせて、民法が大幅に改正され、家制度は廃止された。しかし、家制度に由来する慣行は、本章で述べるように、その後も日本の社会に影響を与え続けた。

(4) 中根千枝（1967）『たて社会の人間関係―単一社会の理論』講談社；Dore, R. (1973) *British Factory—Japanese Factory: The Origins of National Diversity in Industrial Relations*, Berkeley, CA: Univ. of California Press.

まず第1に、前近代的と捉えられがちな伝統的なイエ制度であるが、実はそこには近代的な大組織に適合的な特性が内包されており、これが、日本の企業組織を発展させる上で需要な役割を果たしたということである。1つは日本の伝統的な家族制度の下での長子相続の慣習と関係する特性である。日本には江戸時代までは明確に定められた相続法は無かったが、明治政府により長子相続制が定められ、1898年の民法制定によりこれが明文化された。[5] このような長子相続制度の下では、家督相続は通常、長男だけに行われ、次男以下の子供は外へ出ることを余儀なくされた。その結果、新たな職を求めて絶えず外へ出ていく労働力が存在した。またイエの運営にあたっては、血縁関係へのこだわりが希薄であり、イエの存続のためには比較的容易に養子を迎え入れた。たとえ実子があっても、家督相続に不適格とみなされた場合には養子が継承した。人間は親や子供を選ぶことはできない。しかし、イエ制度においては同族でない成人を養子に迎えることができたため、人材選択の範囲が広がり、イエをうまく運営できる可能性は高まったのである。イエの運営に関するこうした慣習は近代的な組織に引き継がれ、企業の経営にも持ち込まれた。

こうした観点から、人類学者のフランシス・シューは、日本の同族組織であるイエには、中国のジア（家族）やツー（氏族、clan）にはない、人間の自発的結合が備わっていたという。日本の企業はしばしば「家族的だ」といわれるが、中国の企業は文字どおり家族である。日本の企業では、社員の間に、家族内部で浸透しているのと同じような権力構造と道徳的義務の感覚はあるが、親族関係の斟酌による拘束を受けない自発性、合理性の要素があった。[6] その意味で日本の組織は、中国の企業や一族よりも欧米の自発的集団にずっと近いとシューは指摘する。日本では産業化の早い段階から同族経営の域を超えた専門経営者による経営が行われ、所有と経営が分離された。すなわち、同族会社として出発した企業

(5) 1947年に改正された民法では、長男相続制は廃止され、配偶者とすべての子供に平等に相続権が与えられることが規定されたが、実際には長男相続制の慣習はそれ以降も影響を与える傾向があった。

(6) Hsu, F. L. K.（1963）*Caste, Clan and Club*, New York: Van Nostrand, p. 44.

もある程度規模が大きくなると、同族以外の人材を幹部に登用するようになることが多かった。こうした慣行は、企業の発展にプラスに働くことが多かった。

日本の企業組織とイエ制度の関係について注目すべき第2点は、日本ではイエ制度に由来する人間関係が、事実上の家族という単位を越えて、近代的な企業組織に移転されたということである。

つまり、実際には親族関係にない人々より成る民間企業の中で、家族内部で浸透しているのと同じような信頼関係と互酬性規範が形成されていったのである。企業は、親族関係に依存することなく擬似家族的な信頼関係を醸成できる中間的共同体―すなわち家族と市町村・国家などの行政機関との間に存在する共同体―として日本社会において重要な役割を果たしてきたのである。日本では、伝統芸能における家元制度をはじめとして、企業組織以外にも様々な分野で擬似「イエ」的な社会集団が遍在し、日本社会のいわゆる「タテ社会」的な側面を形成している。[7] しかしながら、日本経済において中心的な役割を果たした民間企業の経営にこのイエ制度の概念が適用されたことは、日本の社会構造全体にとりわけ大きな影響を与えることになった。

イエ制度に由来するところの大きい日本の企業組織について留意すべき第3点は、イエ制度の思想的基盤となった儒教の教義にかかわるものである。先に述べたように、日本的な企業組織を編成した擬似イエ的な原理は、儒教の教義の影響を強く受けたものであったが、この教義は中国から儒教が輸入されたとき、日本の社会状況に適合するように日本人によって改変されたものであるといわれる。それは次のようなことである。孔子の教えは、いくつかの異なる美徳を推奨しているが、これらの美徳に付与される相対的な比重は、現実の社会関係にとって重要な意味を持つ。中国の正統派儒教では、五常、五倫の徳目のうち、家族内部で自然に生じる「仁」（親愛の情・善意）、および「孝」（孝養）が最も重要と

(7) 前掲 (4)。

されたが、これが海を渡って日本に持ち込まれたとき、「忠」（忠誠心）の順位が上に上がり、「孝」の順位は下がった。(8) つまり徳川幕府は「孝」と「忠」の順位を意識的に逆転させたのである。

日本の儒教で「忠」が「孝」よりも上に置かれるようになったことは、日本人の企業組織に対する忠誠を促す上で大きな役割を果たした。ちなみに、「忠」と「孝」の順位が逆転したことの影響は、社会現象においても見られる。このことは社会的義務にジレンマが生じた場合を例にとるとよくわかる。中国の伝統的な儒教の教義では、家族との絆は、政治的権威（たとえ皇帝であっても）とのつながりよりも強いと考えられているので、父親が法律を破ったとき、息子は警察に知らせる義務を負わないのが普通である。(9) 日本では反対に同じようなジレンマに陥った息子は通常、警察に知らせる義務があると考える。(10) 封建時代の武士においては、大名への忠誠心は家族への忠誠心より強かった。大名に対する家臣の忠誠心は、近代的な企業においては、サラリーマンの上司あるいは会社に対する忠誠心として生き続け、滅私奉公する企業戦士たちによって日本の高度成長は支えられた。こうした理由により、中国では儒教の教えが家族以外の大規模組織の発達に結びつくことがなかったのに対し、日本において儒教倫理が企業組織の発達を促進するという機能を果たしたのである。

【2】社会関係資本と企業の発展

以上述べたように、日本ではイエ制度に由来する組織原理および社会関係の構造が、事実上の家族という単位を越えて、近代的な企業組織に移転されることによって、民間企業の主要な経営慣行が形成されていった。そこでは、親族関係にない人々より成る擬似家族的集団の中で「信頼」が日常的に醸成され、再生産され、いわば「資本」として蓄積されていった。こうして蓄積された信頼と互酬的社会関係

(8) 1882年に下賜された軍人勅諭、および1890年に発布された教育勅語参照。
(9) Fukuyama, F.（1995）*Trust: The Social Virtues and Creation of Prosperity*, New York: Free Press, p. 275.（加藤寛訳『「信」なくば立たず』三笠書房、1996年）
(10) 同上。

が、日本で民間の大企業が育ち、発展する基盤となったのである。この蓄積された社会関係は、近年経済学や社会学において注目されるようになった「社会関係資本」（「社会資本」あるいは「ソーシャル・キャピタル」とも呼ばれる）という概念により非常によく理解することができる。(11)

「社会関係資本」という言葉は20世紀の初めから使用されるようになったが、「社会関係資本」の概念が学問上の論点として明確に打ち出されたのは、アメリカの社会学者、ジェームス・S・コールマンが１９８８年に発表した論文においてであり、さらにこの概念が広く知られるようになったのは、アメリカの政治学者ロバート・パットナムが著した著書*Making Democracy Work*（『哲学する民主主義』）（１９９３年）および*Bowling Alone*（『孤独なボウリング』）（２０００年）に負うところが大きい。(12)

「社会関係資本」は、人と人とのつながり、あるいは個人間の社会関係や社会的ネットワーク、およびそこから生ずる信頼と互酬性の規範から成り、集団や組織の中で一緒に働くことのできる協調能力を形成する。(13)この協調能力は共同体（コミュニティー）の価値と規範の共有の程度、および個人の利益をどの程度まで集団の利益に従属させることができるかによって決まる。「社会関係資本」を構成するのは個人間のつながり、すなわち「関係」あるいは「ネットワーク」であり、個人の特性が形成する「人的資本」とは異なる。

「信頼」とは、「共同体の成員たちが共有する規範に基づいて規則を守り、誠実に

(11) 「社会関係資本」という言葉が、日本で用いられるようになったのは、パットナム、フクヤマ、コールマンらの文献が紹介されてからである。彼らの使った social capital という言葉は、「社会資本」と訳されている場合もあれば、「社会関係資本」、あるいは「関係資本」などと訳される場合もあり、さらには「ソーシャル・キャピタル」とカタカナで表記されることもあり、統一されていない。従来、日本では「社会資本」という言葉は、「社会間接資本」（Social Overhead Capital）、つまり社会的インフラストラクチャーなど主に公的機関によって提供され人々の経済活動に間接的に貢献する資本（道路、港湾、電力、ガス、上下水道、文化施設など）を意味する言葉として使用されることが多かった。そこで本書では、この意味での社会資本と区別するために、social capital の訳語として「社会関係資本」という言葉を使う。

(12) Coleman, J.（1988）Social Capital in the Creation of Human Capital, *American Journal of Sociology*, 94, Supplement, S95–S120；Putnam, R. D., Leonardi, R., Nanetti, R.（1993）*Making Democracy Work: Civic Traditions in Modern Italy*, Princeton, NJ: Princeton Univ. Press.（河田潤一訳『哲学する民主主義―伝統と改革の市民的構造』NTT 出版、2001 年。）；Putnam, R. D.（2000）*Bowling Alone: The Collapse and Revival of American Community,* New York: Simon & Schuster.（柴内康文訳『孤独なボウリング：米国コミュニティの崩壊と再生』柏書房、2006 年。）

(13) 佐藤誠（2003）「社会資本とソーシャル・キャピタル」『立命館国際研究』16-1、1-30 頁。

そして協力的に振る舞う」ということについての、共同体内部に生じる期待である。企業が経済的な取引を行うにあたって信頼に基づくネットワークがきわめて重要な役割を果たすこと、つまり顧客、従業員、取引先、株主との長期的な関係こそが最も重要な資産であることは多くの経営者や専門家の指摘するところである(14)。

アメリカの政治学者フランシス・フクヤマは、「社会関係資本」をこの信頼が社会にある程度行き渡っていることから生ずる諸能力であると定義し、一国の経済が発展し、企業が大きく成長していくためには、この「社会関係資本」がきわめて大きな役割を果たすという(15)。フクヤマは、アメリカ、日本、ドイツ、フランス、中国、イタリア、および韓国における近代的な大企業の成立の過程を比較分析し、社会関係資本はそれぞれの社会において固有の歴史的な過程を経て蓄積されることを示した。すなわちドイツにおいてはギルド制度、アメリカにおいては慈善団体や協会（市民団体）などの自発的結社がそれぞれ基盤となって、大企業の発展を可能にする社会関係資本が形成されたという(16)。フクヤマによれば、日本、アメリカ、ドイツなど比較的大規模な企業群を発達させた国々では、親族関係に依存することなく信頼を醸成できる中間的共同体（あるいは中間的組織）が多く誕生し、こうした中間的共同体においては、社会関係資本が効果的に機能して企業組織の積極的な展開を可能にした(17)。こうした中間的共同体を中心に蓄積される信頼関係によって支えられる「高信頼社会」が、同族経営を超える今日の大企業を創出したとフクヤマは論ずる。

これとは対照的にフランス、イタリア、台湾、中国などにおいては過去において皇帝、君主による専制政治、あるいは共産党による一党独裁の下で強力な中央集権化が進み、その結果、中間的な社会組織は破壊され、人々が頼れるものは血縁関係を中心とした同族以外にないという「低信頼社会」が形成さ

(14) Reichheld, F. F.（2003）*Loyalty Rules: How Today's Leaders Build Lasting Relationships*, Boston, MA: Harvard Business School Press.（伊藤良二監訳、沢崎冬日訳『ロイヤルティ戦略論』ダイヤモンド社、2002年）
(15) 前掲（9), p. 7.
(16) 前掲（9), pp. 29-32.
(17) 同上。

れた。人々の間に浸透している「同族以外の人間は信頼できない」という考え方は、社会全体に同族以外の人間と協力して新たな経済事業を行う能力の欠如をもたらし、大企業が育ちにくい土壌を作ったとフクヤマは指摘する。

【3】「展開型」と「結束型」の社会関係資本

社会関係資本とその基盤となる信頼が、経済的な実績にプラスの影響を与えることは、これまでいくつかの研究によって示されている[18]。また信頼関係の構築が直接的に企業収益の向上に貢献することを示した研究もある。国際的なベストセラーとなった*The Loyalty Effect*を著したフレデリック・F・ライクヘルドは、成功している多くの企業を例にとり、信頼関係が最終的な企業収益に結び付くことを示している[19]。

しかしながら、パットナムをはじめ、「社会関係資本」の研究者達が指摘しているように、「社会関係資本」は、多様な次元を持ち、社会の発展と福祉にとってプラスに作用することもあれば、マイナスに作用することもある。社会関係資本を議論する場合には、したがって、社会関係資本の形態を類別し、どのような形態の社会関係資本が企業を成長させ、経済を発展させる上でプラスに機能するのかを明らかにする必要がある。こうした目的のために最も重要な意味を持つのが、「展開型」の社会関係資本と「結束型」の社会関係資本との区別であろう[20]。「展開型」の社会関係資本は、英語ではbridgingあるいはinclusiveと呼ばれ、「結束型」の社会関係資本は、bondingあるいはexclusiveとも呼ばれる[21]。

「結束型」の社会関係資本は、特定の互酬性を安定させ、連帯行動を起こしたり、不運な仲間に救いの手を差し伸べたりする上で有効に働くこともある。しかし、一方で内向きの志向を持ち、メンバー間

(18) Putnam(1993), 前掲 (12): Knack, S. and Keefer, P. (1997) Does Social Capital Have an Economic Payoff? A Cross-Country Investigation, *The Quarterly Journal of Economics*, Vol. 112, No. 4, pp. 1251-1288.
(19) Reichheld, F. F. (1996) *The Loyalty Effect*, Boston, MA: Harvard Business School Press.(伊藤良二監訳、山下浩昭訳『顧客ロイヤルティのマネジメント―価値創造の成長サイクルを実現する』ダイヤモンド社、1998年);前掲 (14).
(20) Putnam (2000), 前掲 (12), p. 22.
(21) パットナムは「展開型」をbridging social capitalと呼び、「結束型」をbonding social capitalと呼ぶ。

の結束を強化し、排他的なアイデンティティを形成し、集団の均質性を高めていくことがある。結束型の社会関係資本は、悪意のある排他的な、あるいは反社会的な目的に向けられることもある。たとえば、一部の過激な政治集団や民族集団、派閥、犯罪組織などは、結束型の社会関係資本が排他的あるいは反社会的性向を生み出す例である。結束型の社会関係資本は、利益団体などの結束力を高め、「しがらみや呪縛」となって利権の保全を助長し、社会にマイナスの影響を与える可能性がある。[22] 自民族中心主義、汚職といったマイナスの発現を生じることも多い。同業者団体や協同組合など、通常の状況下では、排他的特性が顕著でない集団も、メンバーを不安にするような状況が生ずれば、結束型の社会関係資本が作用して、排他的傾向を強めることがある。状況によっては、結束型の社会関係資本がプラスの社会的効果を持つこともあり得るが、一般的には、結束型の社会関係資本は、自らが所属する集団への強い忠誠心を作り出すことによって同時に外部の集団への敵意を生み出す可能性があり、マイナスの外部効果が生じやすい。

「展開型」の社会関係資本は、これとは対照的に、外部資源との連携や、情報伝播において有効に機能し、積極的に外に向かう力を持つ。結束型の社会関係資本が個々のメンバーを内向きにして、より狭い方向に向かわせるのとは対照的に、展開型の社会関係資本は、より幅広いアイデンティティや互酬性を生み出すことができる。その結果、相互扶助、協力、信頼、積極性といった社会関係資本が持つプラスの影響が大きく現れる。結束型の社会関係資本は、「現状を保全し何とかやっていく」のに適し、展開型の社会関係資本は、「積極的に前へと進む」のに適しているといわれる。[23] 展開型の社会関係資本は、有効に活用された場合には、経済成長にプラスの影響を与えることが指摘されている。[24]

日本型経営を支える社会関係資本も「結束型」として機能することもあれば「展開型」として機能す

(22) Olson, M. Jr.（1965）*The Logic of Collective Action: Public Goods and the Theory of Groups*, Cambridge, MA: Harvard Univ. Press.（依田博・森脇俊雅訳『集合行為論：公共財と集団理論』ミネルヴァ書房、1983 年）
(23) Putnam（2000）, 前掲（12）, p. 23.
(24) Knack and Keefer, 前掲（18）.

ることもある。日本的な社会関係資本が結束型として作用するとき、組織経営の面で弊害を生み出すことが多い。中根千枝の『タテ社会の人間関係』は、「イエ」の概念に集約される日本人の伝統的集団意識のあり方を国際比較の視座から分析した著書として広く知られている。中根の著書は1967年に出版されたものである。その後数十年を経て、日本社会も随分変化した。しかし日本社会を国際比較の視点から見た場合、中根の指摘は示唆に富むものである。[25] 中根は、基本的な人間関係のあり方において、日本社会は伝統的な農村の部落を受け継ぐ「ムラ社会」であると述べた。言い換えれば、日本における人間関係の特色は、地域性が強いということであり、それは必然的に直接的接触が重要であることを意味する。つまり、接触の長さが集団における個人の位置づけを決める重要な要因となる。年功序列の基盤もここにあるという。

集団に所属している期間の長さによって個人の地位が決定されるということは、この要因が「能力」などその他の要因に優先するということである。序列は在籍期間（たとえば会社の場合なら入社年次）によって決まるので、在籍期間が同じ人は同じ処遇を受けるべきだということになる。こうした平等主義が戦後の「民主主義」の風潮の中で「能力平等主義」へと転化し、しばしば「悪平等」の慣習を生み出すことにもなった。

日本においては、自由競争を制限する様々なシステムが機能し、競争を制限する傾向が広い範囲にわたって見られるが、これは「結束型」の社会関係資本の作用と考えられる。系列、インサイダー型企業統治、経営トップの内部昇進、派閥組織、談合などに代表される日本的メカニズムはいずれも、システムの内部にいる者にとっては取引コストを低くするというメリットがある。しかし、このメカニズムは自由競争を排除する傾向があるので、外部からの参入者、あるいはこれから新たに参入しようとする者

（25）前掲（4）。

にとっては平等な機会が与えられないことになる。その結果、既得権が保持され、自由な経済活動による経済の活性化が妨げられることになりかねない。日本的組織において機能する結束型の社会関係資本は、システムの内部の互酬性を安定させ、結束を強化し、システムの内部での取引コストを低減するというプラスの働きがあるが、一方で排他性や守旧性を生み出し、経済の発展にマイナスの影響を与える危険も大きいのである。

しかしながら、日本的な社会関係資本は、しばしば「展開型」として機能することもあり、日本の経済成長を可能にしたのは、伝統的な社会関係資本のこうした展開型の側面である。日本の民間企業の運営には、家父長主義的な面、温情主義的な面、あるいは集団主義的な面など、伝統的なイエ制度に由来する要素も多く含まれていたが、しかし同時にいくつかの重要な点において近代組織の特徴とされる合理性をも備えていた。こうした合理性は、展開型の社会関係資本のきわめて重要な特性をなすものである。

3 日本型組織の編成原理──共同体主義と合理性の結合

アメリカの社会学者、タルコット・パーソンズは、フェルディナント・テンニースの概念にヒントを得て、伝統的な社会システムに典型的な価値志向（「ゲマインシャフト的価値志向」）と近代的な社会システムに典型的な価値志向（「ゲゼルシャフト的価値志向」）を対比させ、「パターン変数」として提示した。(26)

パーソンズの概念枠組によれば、近代的な「合理的組織」における個人の行為は、「普遍主義」的で

(26) Parsons, T. and Shils, E. A. (eds.) (1951) *Toward a General Theory of Action*. Cambridge, MA: Harvard Univ. Press., p. 77.（永井道雄・作田啓一・橋本真訳『行為の総合理論をめざして』日本評論新社、1960年。）

なければならず、また「業績主義」に基づいていなければならない。「普遍主義（universalism）対個別主義（particularism）」というパターン変数は、行為者が他者とかかわるとき、すべての人に適用され得る普遍的な基準によって行動するのか、それとも個々のケースに応じて選択的に適用される基準によって行動するのかの選択である。合理的組織では普遍的基準が適用され、たとえば試験による選抜はこれにあたる。これに対し個別主義の適用の例は、縁故採用である。

「業績主義（achievement）対 属性主義（ascription）」というパターン変数は、行為者が他者とかかわるとき、相手の業績、つまりこれまでの成果やこれから何ができるかということに焦点を置くのか、それとも性別や年齢といった属性に焦点を置くのかの選択である。

日本では、同族会社として出発した企業も、ある程度規模が大きくなると、外部から人材を採用し、同族以外の人材を重要ポストにつけるようになることが多い。その場合の採用の基準は「普遍主義」である。従来型の日本型経営においては原則として昇進・昇給などの人事は年功序列に基づいて行われるが、あるレベル以上の管理職や幹部については相当程度「業績主義」が適用されている。日本の大企業組織の編成原理の基盤を支える社会関係資本には、こうした合理的、普遍主義的な側面があり、外部資源との連携や情報伝播において有効に機能し、積極的に外に向かう力を与え、より幅広いアイデンティティや互恵的なシステムを生み出していったと考えられる。すなわち、日本的な社会関係資本の「展開型」としての側面である。

一方で、家族内部で浸透しているのと同じような信頼関係と互酬性規範が機能し、他方で家族関係の斟酌を受けない合理性と普遍性が作動し、この一見相対立する2つの要因がうまくバランスしたことが、日本的経営の強さを形成することになったと考えられる。たとえば、官僚的な規則や制度を柔軟に運用するという慣行もこうしたバランスをとるための1つの方策である。第5章で詳しく述べるように、トヨタ自動車では、従業員の信頼を得るための政策の1つとして、個々の従業員の利益になるように規則を柔軟に運用するということを積極的に行っている[27]。

共同体的・集団主義的な側面と近代組織の特性である合理的な側面の両方を備えた展開型の社会関係資本は、多くの大企業を発達させた日本、アメリカ、ドイツのいずれの国においても機能したと考えられる。これらの国々においては、日本の擬似イエ組織、ドイツのギルド制度、アメリカの自発的結社など、親族関係に基づかない多様な中間的共同体が誕生した。これらの中間的共同体を支える集団主義や倫理観は、それぞれ異なった文化的、歴史的源泉を持つものであったが、こうした集団主義は、いずれも伝統的な集団主義（ヨーロッパの封建時代や日本の封建時代といった前近代の集団主義）とは一線を画すものである。すなわち、こうした集団主義は、自発性、合理性といった近代的な組織に不可欠な要素と結合することにより、こうした中間的共同体における組織原理と行動基準を形成していった。これらの国々においてはいずれも、伝統的な制度や文化的特質が自由経済体制とうまく結びついていったといえる。

以上、伝統的なイエ制度に由来する社会関係資本、とりわけ「展開型」の社会関係資本が、日本の企業組織の強力な基盤となり、その発展を支えてきたことを述べた。こうした社会関係資本のポジティブな側面こそが日本的経営の強さを構成しているといえる。以下、こうした日本型経営の強さの4つの局面、すなわち、信頼関係、社会的欲求に応える人間関係論的アプローチ、平等主義と現場主義、およびイノベーションにおける優位性、に焦点を置きながら、具体的な成功の事例を見ていく。

(27) 詳しくは本書、第5章178-179頁参照。

4 日本型経営の4つの強み

【1】信頼と互酬性規範

一般的互酬性が行き渡っている取引環境は、不信感に満ちた取引環境よりも効率がよい。交換のたびごとに毎回その場で帳尻を合わせなくても済むので、いわゆる「取引コスト」を節減できる。それだけ多くの取引をすることができる。経済的な取引が、社会的相互作用の緊密なネットワークに埋め込まれており、安定した長期継続的な取引関係を前提としているとき、取引にかかわる主体間の関係を構築するための取引コストは低減する(28)。ネットワーク内の行為者は将来の自分にとって有利な結果を得るためには、協調的、あるいは利他的な行動をとることが有益であると理解するようになり、そのような行動が習慣化されていく。信頼は企業間取引において、品質、納期などへの対応能力への不安を解消する役割を果たし、将来の不確実性やリスクのコスト計算を省略することを可能にし、情報収集などにかかわる取引コストを低減する(29)。

互酬性の規範は双方向の義務によって支えられている。つまり、「私は今あなたにこれをしてあげる、それはあなたがそのお返しをしてくれることを期待するから」ということである。この場合の互酬性は特定の個人間の信頼関係にかかわるものであるが、ビジネスの世界で互酬性がより長期的なものになるのは、互酬性が特定の個人のみならず組織を単位として認識され、組織としての互酬性の規範が機能する場合である。

(28) Williamson, O. E.（1981）The Economics of Organization: The Transaction Cost Approach, *The American Journal of Sociology*, 87（3), pp, 548-577; Coase, R. H.（1960）The Problem of Social Cost, *Journal of Law and Economics*, 3, pp. 1-44.
(29) 伊藤正昭（2006）「地域産業の発展における産業風土とソーシャル・キャピタル」『政経論叢』第73巻3-4号、251-284頁。

先に述べたように、日本ではイエ制度に由来する社会関係資本が、事実上の家族という単位を越えて、近代的な企業組織に移転されることによって、日本の民間企業の主要な経営慣行が形成されていった。つまり、親族関係にない人々より成る擬似家族的な集団の中で「信頼」が日常的に醸成され、再生産され、社会関係資本として蓄積されていったことが、日本で民間の大企業が育ち、発展する基盤となった。言い換えれば、企業は親族関係に依存することなく信頼を醸成できる中間的共同体であり、こうした共同体においては、家族内部で浸透しているのと同じような互酬性規範に基づく「高信頼社会」が形成されたのである。

日本の伝統的なイエ制度は徳川封建時代に形作られた武士階級の家父長制的な家族制度に基礎を置き、1898（明治31）年に制定された民法により明文化された日本独自の家族制度である。しかし、先に述べたとおり、ここで重要なことは、イエ制度には近代的な大組織に適合的な合理的特性がいくつか内包されており、こうした特性が大企業に受け継がれたことである。こうした特性が日本の民間企業に受け継がれることによって、家族内で浸透しているのと同じような信頼関係が保たれつつも、親族関係の斟酌による拘束を受けない合理的判断と行動が可能になったのである。

社会関係資本はその機能の仕方によって「結束型」の社会関係資本と「展開型」の社会関係資本とに区別されることは先に述べたとおりである。日本社会全般においては、結束型の社会関係資本が排他性や守旧性を生み出し、社会の活性化の妨げになることは少なくない。しかし、企業組織という領域に限っていえば、展開型の社会関係資本が、外部との連携を促進し、より幅広い互酬性を生み出し、積極的な展開を可能にし、企業の成長に貢献することも多かった。

歴史的過程を経て蓄積されてきた社会関係資本に基礎をおく日本型経営方式は、日本が産業化の道を歩み始めて以来、長年にわたって日本の大企業の組織管理の枠組として機能してきた。なかんずく、1960年代の高度成長期には、日本型経営は日本企業の生産性を高め、急速な経済成長を促進する上で重要な役割を果たしたといわれる。日本の高度成長を労働力の面から支えた制度の1つに「集団就職」という就職形態がある。この制度においては、信頼、相互扶助、外部資源との連携、といった社会関係資本が持つプラスの面が有効に機能したといえる。

1950年代から1960年代、都市圏の製造業、小売業、飲食業は、どこも人手不足だった。一方、地方の農村は復員や引き揚げで人があふれているにもかかわらず労働力需要は乏しく、家を継ぐ長男以外は仕事が見つからないという「次男三男問題」が深刻だった。このような状況において、集団就職は、企業・労働者双方の希望に応える有力な手段となった。地域の商店連合会や同一業種団体が職業安定所などと提携してまとまって求人を行い、中学校が生徒に求人を斡旋して卒業生を都会へ送り出した。こうして都会へ就職する中卒者は「金の卵」と呼ばれ、日本の高度経済成長を支えた。

約束した労働条件が守られないなどの理由により、離職する少年も少なくなかったが、良い雇用主に恵まれて、そこから人生のチャンスを得た若者もまた少なくなかった。中卒の彼らの平均初任給は当時の大卒の初任給の3分の1くらいであったが、「使い捨て」が問題となっている現在の非正規雇用と違って、「暖簾（のれん）分け」など伝統的な家族主義的経営の慣行が継承されている職場も多かった。こうした慣行により、中卒で頑張れば独立することも可能であり、将来への夢と希望を持つことができたといわれる。(30)

1960年に、集団就職でトヨタ自動車の下請け会社である光製作所に就職した竹森要氏（現在、株式会社竹森工業・社長）は、「振り返って見ると、ここでの経験がその後の（人生の）指針になった」

（30）ブログ「集団就職と「金の卵」世代の一人として（再掲載）」（http://polytechnic-sato.cocolog-nifty.com/blog/2011/08/post-b084.html）2011年8月11日。

という[31]。配属された装置組立工場では、労働は厳しかったが、家族主義的な職場環境により、励まされる面も大きかったという。先輩は仕事のやり方を親切に教えてくれたし、所属班の親方はいつも元気づけてくれ、故郷の家族に沢山の物資を送ってくれたり、いろいろと面倒を見てくれた[32]。特に社長は工場の中を巡回して見回る際、近くに来ると必ず彼の仕事の様子を見ながら手取り足取り指導をして、仕事の心構えや若い頃の規則正しい生活の大切さを説いたりした。また、ときには夕食にステーキをご馳走してくれたりした[33]。その後竹森氏はこの会社を去り、上京して夜間の技術学校へ行き、溶接工として独立した後に23歳で自分の会社を設立することになるが、中学を卒業して最初に就職した職場での経験は、彼自身の経営者としての姿勢と理念に大きな影響を与えたという。

1960年代後半になると地方でも高校進学率が高まって中卒は減少し、さらに1973年のオイルショックにより日本経済が低迷したこともあり、中卒者の新卒採用を控える企業が増加、1977年に集団就職の制度は廃止された。しかし日本の高度成長を労働力の面から支えたこの制度は、伝統的な社会関係資本がプラスに機能した1つの例である。地域の商店連合会、業界団体、学校などを中心とした信頼関係に基づくネットワークが活用されて、幅広い互酬性が生み出され、求人、採用のコストが低減され、農村から都市部への効率的な労働力移動が可能になったのである。

オイルショックを機に日本の高度成長期も終わり、1990年以降、日本では多くの企業でリストラが進められるようになった。さらに2000年代に入ってから進められた規制緩和により、多くの業界で厳しい競争原理が働くようになり、日本型経営の基盤にあった社会関係資本にも亀裂が入るようになった。しかしながら、2008年のリーマンショックとその後の世界同時不況にいたる激動を経た今、多くの経営者が、日本の経営の強さの源泉であった長期的な信頼関係の重要性を改めて強調するように

(31) 株式会社竹森工業「金の卵時代」(http://www.takemori.co.jp/omoide02.htm)。
(32) 同上。
(33) 同上。

なっている。

以下、現在業績を伸ばしている企業の幹部が何を重要と考えるかについて述べた言葉である。

大島産業（株）（福岡県宗像市に所在）は、15年前、道路、橋梁、下水道などの土木建設工事を専らとしていた社業を拡大し、トラック輸送に新規参入し、業績を伸ばしている。当社の大島康朋・代表取締役CEOは、躍進の礎となるのは、社内外の「信頼関係」、つまり社長と社員、会社と顧客、会社と取引先、これらアクター間の相互の信頼関係であるという。具体的には、信頼は、日々当たり前の務めを粛々と果たしていくことから生まれる。これを実行するには頑張らなければならない。このような日々の努力から信頼関係が生まれる。信頼関係はどこでビジネスをやるにしても重要であるが、地方では特に重要である。九州のビジネス社会は狭い。「悪事千里を走る」という言葉どおり、九州で悪評が立ったら一瞬にして知れ渡り、信用を失う。九州でビジネスをするなら、「正直を貫くことが一番である」という。[34]

京都リサーチパーク（株）（大阪ガスのグループ企業）は、研究開発、ベンチャービジネス支援、活動スペースの提供などを社業とする。森内敏晴・社長は、「京都で高い収益を上げている企業に共通する経営の軸は『先義後利』の精神である」という。道義を優先し、利益は後でついてくるという考え方で、これが高い倫理観やCSRにもつながっているという。京都の企業といっても、ビジネスの舞台は全国、さらにはグローバル市場へと広がる。その範囲が広くなるほど経営の根幹となるこうした理念を堅持していくことが重要になるという。[35]

(34) 大島康朋（2013）「社内外の『信頼関係』を礎に建設、物流の両輪で躍進」『プレジデント』1月14日号、184-185頁。
(35) 森内敏晴（2013）「京都の企業はなぜ元気なのか？」『プレジデント』1月14日号、106-107頁。

宅急便でトップを走っているヤマト運輸（株）では、日本式宅配サービスを海外で展開したり、物流とＩＴを結合して、電気製品やパソコンの修理サポートをヤマトの配送センターで行うサービスを始めたり、事業分野の拡大を試みている。社訓は「サービスが先、利益は後」、「礼節を重んずべし」。山内雅喜・社長は、「誠心誠意」、「至誠通天」をモットーに真心をもって誠実に業務を遂行することが何よりも重要という。(36)

長期継続的関係を重視する日本企業において、経営状況が悪化したときにも人員削減を行わないで切り抜けることができるのは、従業員と経営者の間に信頼関係が存在するからである。２００９年、リーマンショックに続く不況の最中、自動車製造会社のスズキでは鈴木修・社長兼会長（当時）の指揮のもと、「みんなで痛みを分かち合う総力戦」を実施して赤字が多い自動車会社の中で６７０億円の営業黒字を出して注目を浴びた。「刀狩り」と称してコストをぎりぎりまで抑える無駄の見直しを行い、「夜戦禁止」「登城禁止」と称して残業を禁止し従業員を一時帰休させて人件費を削減、さらに3万点ある部品を1円ずつでも安くすることで製品コストを限界まで下げる、といった「戦時の経営」を行ったのである。こうした戦略が従業員や関係者の理解を得ることができて、成果をあげることができたのも信頼関係があったからこそである。(37)

またトヨタ自動車をはじめ、日本の自動車製造会社で用いられているリーン生産方式も、従業員相互間の、そして従業員と経営者の間の信頼関係を前提とする。第5章でも述べるように、「不況時にも、また従業員が会社にとってあまり有用でなくなったときにも、会社は従業員を見捨てないだろう」との信念が、従業員が最小限の労働力配置で生産を行うリーン労働体制を受け入れる基盤となっている。従

(36) *IMA Monthly News*（2014）Vol. 23；TBS ニュースバード、2013 年 4 月 29 日放送。
(37) テレビ東京「カンブリア宮殿」2009 年 4 月 5 日放送；鈴木修（2009）『俺は中小企業のおやじ』日本経済新聞出版社。

業員が最小限の労働力配置のもとで厳しい労働要請を引き受けるのは、長期安定雇用に対する確信があるからである。こうしたシステムは従業員と経営者が共有する長期的な互酬性の規範と両者の間の信頼関係によって支えられている。第5章で詳しく述べるように、こうしたシステムは海外の自動車製造拠点でも広く適用されている。

先に述べたように、結束型の社会関係資本には、メンバー間の結束を強化し、排他的なアイデンティティを形成し、集団の均質性を高めるといった内向きの側面がある。日本企業が海外に進出する際には、社会関係資本のこうした内向きでネガティブな側面が海外での展開の障碍となることがある。国籍、言語、文化を異にするメンバーやステークホルダーが関わってくる状況下では、日々いかにして十分な意思疎通を図っていくかということが重要な課題となる。いわゆる「異文化コミュニケーション」の問題である。日本企業の海外拠点においても、1つの組織の中に母国語を異にする2つのグループが併存する場合、ともすると2つの別々な組織が出来上がってしまい、コミュニケーションの二重構造が日常化する。このような傾向は、結束型の社会関係資本の内向きの作用が加わることによってさらに増幅される。在外日本企業においては、こうした問題の軽減が大きな課題であることがこれまでにもしばしば指摘されてきた(38)。

しかしながら、今後は異文化経営においても展開型の社会関係資本を有効に活用し、外部のアクターとの連携や情報交換を積極的に行い、幅広いアイデンティティや互酬関係を形成していく必要がある。そうなれば、海外における活動、国境を越えた活動においても日本の強みである社会関係資本を生かした優位な展開が可能であろう。

前出のヤマト運輸では、信頼と展開型・社会関係資本を基盤にアジアでのビジネスを徐々に拡大しつ

(38) 渡辺聰子（2008）「グローバル企業のリーダーシップ：多文化経営環境と不確実性への適応」『社会学論集』32号、1-25頁；Watanabe, S. and Yamaguchi, R.（1995）Intercultural Perceptions at the Workplace—the Case of the British Subsidiaries of Japanese Firms, *Human Relations*, Vol. 48, No. 5, pp. 581-607.

つある。マレーシア・ヤマト運輸（ヤマトのマレーシアの現地法人）では、日本で培ってきた宅配サービスをマレーシアで展開しているが、最も力を入れているのが現地人の人材の育成である。セールス・ドライバー（ＳＤ）に対しては、日本からドライバーを派遣して教育にあたらせる。朝のラジオ体操から始めて、日本から派遣されたドライバーが車に同乗して日本式のサービス精神を丁寧に教える。荷物を大切に扱う、地べたに置かない、などといった細かい気遣いも重要である。マレーシアには詳しい地図がないので、電話で確認しながら配達するが、一度来た場所は地図に書き込み、2回目以降は早く行けるようにする。マレーシアでは時間指定の配送はないので、ヤマトの時間指定システムは、「荷物を1日中待っていなくてもよい」と好評を得ているという。クール宅急便も好評で、これにより、ケーキを遠くまで届けることができるようになり、売上げが2倍になったと喜ぶケーキ屋もある。イスラム教を国教とするマレーシアならでの事情にも配慮し、ドライバーが仕事中に礼拝することを認めるなど現地の慣習への適応にも心がけている。２０１０年に初めてマレーシアに進出して4年になるが、日本的宅配サービスの良さが次第に認められるようになったという。

日本型経営の根幹にある信頼重視の姿勢、さらに信頼が日常的に醸成され、再生産され、社会関係資本として蓄積されていく構造は、不確実性が増している経済情勢の中でますます重要になっていくものと考えられる。

【2】社会的欲求に応える人間関係論的アプローチ

今、人々はますます多くの時間を家から遠く離れた工場や職場で費やすようになっている。働く場所と居住する場所を分離する過程は、産業革命に始まり、現在も続いている。ホワイトカラー雇用者もブルーカラー雇用者も、専門職や管理職も、同様に長時間を職場で過ごすようになっている。彼らの多くは、昼食や夕食をともにし、一緒に旅行し、早く出勤して遅く帰宅するようになった。離婚率の上昇、家族の崩壊、晩婚化などにより、1人暮らしをする人は空前の数に上っているという。こうした人々にとって職場は、孤独を癒したり、孤独から逃れたりするための「寄る辺」として重要な社会的な意味を持つようになっている。(39) さらに、配偶者や子供と暮らす人々にとっても、職場が結婚、子供、家事からの避難所となっている場合も少なくない。

職場は、基本的には組織の目標を達成するためにメンバーが時間と労力を費して仕事をする場所であり、社会的な役割は職場の第一義的な目的ではない。しかしながら、職場における「社会的欲求」や「自我の欲求」の充足は、従業員のモティベーションの維持と増進にプラスの効果をもたらし、結果的に組織の目標達成に貢献する。アメリカの心理学者、アブラハム・マズローは、人間の行動を動機づける基本的欲求には段階があるとして、これを有名な「欲求の五段階論」によって説明した。すなわち、人間の基本的欲求には、①生理的欲求（空腹、性欲、睡眠等）、②安全に対する欲求（危険から身を守り、既得の生活様式を保全すること）、③社会的欲求（帰属と愛情に対する欲求）、④自我の欲求（自尊心および社会的地位や評判に対する欲求）、⑤自己実現の欲求、の五段階があり、人は低位の欲求が一応満足された時点で、より高位の欲求の満足を求めて行動するという。(40) ある程度の物質的な生活水準を達成した人々を動機づける上で重要になるのが社会的欲求および自我の欲求である。

従業員の社会的欲求に注目することの重要性は早くから指摘されてきた。1924年から1932年にかけてアメリカでエルトン・メイヨーらによって行われた有名なホーソーン工場での実験は、職場での社会集団のあり方や仲間集団への適応などの社会的要因が従業員の満足度や生産性に影響を与えるこ

(39) Hochschild, A. R.（1997）*Time Bind: When Work Becomes Home and Home Becomes Work*, New York: Henry Holt.

(40) Maslow, A. H.（1987）*Motivation and Personality*, 3rd ed., revised by Frager, R., Fadiman, J., McReynolds, C. and Cox, R., New York: Harper Brothers, pp. 15-23.（First published in 1954）（小口忠彦訳『人間性の心理学―モチベーションとパーソナリティ』産業能率大学出版部、1987 年、原著第 2 版）

とを示した。[41]この実験をきっかけに、従業員の社会的欲求が注目されるようになり、さらに従業員のこうした欲求に応えることによって彼らのモティベーションを高めることができるという考え方が生まれた。これがいわゆる「人間関係論」アプローチである。人間関係論においては、人事管理における社会的要因の意義が認識され、社会的欲求、さらに自我の欲求に応えることの重要性が唱えられるようになった。「社会的欲求」とは、集団や組織へ帰属すること、同僚や仲間に受容され集団の一部となること、そして友情や愛情を与えたり、受け取ったりすること、に対する欲求である。「自我の欲求」とは、自らの業績・能力・知識に関して自分自身を承認し、自信や自尊心を得たい、また他の人々から承認され、社会的地位・評判・信望を得たいという欲求である。「承認欲求」とも呼ばれる。

伝統的な日本型経営では、労使間の人間関係は包括的・家族主義的であり、集団や組織の安定が重視された。雇用主は従業員の公私にわたる生活の諸局面について従業員の面倒を見るべきだという考え方が強かった。日本企業では、どの階層においても、社会的な側面、人間関係面での満足が従業員の職場満足度の重要な要因となってきた。欧米に進出している日本企業が、現地人ブルーカラーの人事管理に関しては、概して成功を収めているのも、少なくとも部分的には彼らの社会的欲求を満足させる日本的アプローチによるものと考えられる。

しかしながら、1990年のバブル崩壊以降、企業のリストラが急速に進み、成果主義導入などの経営改革が前面に押し出されたため、社会的要因はそれほど注目されなくなったかに見えた。しかし、ここ十年来、こうした経営改革の行き過ぎから生ずる弊害に悩む企業が増え、こうした企業では社会的要因に配慮した政策を再び検討する努力がなされている。また、未婚化、晩婚化は一段と進んで独身人口が増加し、職場における社会的つながりが個人にとってより重要なものになってきている。日本の30代

(41) Mayo, E.(1933)*The Human Problems of an Industrial Civilization*, New York: Macmillan Co.(杉本栄一訳『産業文明における人間問題』日本能率協会、1951年); Mayo, E.(1945)*The Social Problems of an Industrial Civilization*, Boston: Division of Research, Graduate School of Business Administration, Harvard University; Roethlisberger, F. J. and Disckson, W. J.(1939)*Management and the Worker: Technical versus Social Organization in an Industrial Plant*, Cambridge, MA: Harvard Univ. Press.

男性における独身者の比率を見ると１９７０年には12％、１９９０年には32％、２００５年には47％になり、同じく女性では、１９７０年には12％、１９９０年には14％、２００５年には33％となり、急速に増加している(42)。

こうした中、失われかけていた職場における社会的つながりを取り戻そうとする動きが見られる。たとえば日本では、新しい形の家族主義を試みる企業もある。新入社員を新しい組織に順応させ、ストレスを軽減するために、共同体的な環境を与え、擬似的な家族を社内に作るというのである。１人の新入社員に対して父親役、母親役、兄・姉役の社員を決め、擬似的な家族を作って、定期的に会合を持ち、インフォーマルな雰囲気で会話をしたり相談に乗ったりする。またＩＴサポートサービス事業を行っているキューアンドエー社で成果主義に基づいた給与制度を年功型に戻したことは先に述べたとおりであるが、この会社ではさらに社員の家族を会社に招き、イベントを通じて社員の家族が職場と仕事についての理解を深め、相互の交流を楽しむ機会を作っている(43)。

職場にコミュニティを作ろうとする動きはアメリカにおいても見られる。たとえばオフィスデザインを専門とする建築家は、従業員の「互いにつながっている」感覚を高めるような職場の設計を行うようになっており、「たまり場」、「会話ピット」、あるいは従業員がやってきて手を温めることのできる「キャンプファイア」といった共同体的な感覚を呼び起こすような名称を持つ空間を作り出している。アメリカの社会学者のアーリー・Ｒ・ホックシールドは、「(このような)新しいマネジメント技術が企業内に広まっており、職場をより暖かい、パーソナルな社会空間へと変容するのを助けている」と述べている(44)。

世界市場における競争がますます激化、短期的な経済的リターンへの関心が増大し、労働強化とさらなる雇用のフレックス化を余儀なくされる企業も多いが、一方で業績を伸ばしている企業では、職場に

(42) AFPBB News「[図解] 日本の独身人口」(http://www.afpbb.com) 2008年10月24日。
(43) TBS ニュースバード「IT時代のサポート事業―目ざせ街の電気屋さん」2013年8月5日放送。
(44) Putnam (2000), 前掲 (12), pp. 86-87.

右記のような共同体的な環境を作り出すことを試みる企業は少なくない。社内にコミュニティとしての感覚を確立し、相互扶助と互酬性の規範を定着させることは、日常の協働的な接触を促進し、チームワークを効果的に機能させ、直接的、間接的に組織の目標達成に貢献する。

【3】平等主義と現場主義

従業員の社会的欲求に応えるためには、組織を1つの共同体として捉え、その中のメンバーは基本的に対等であるという姿勢を示すことが有効である。もちろん、組織の経営管理には、意思決定のシステム、さらに決定を実行するための支配システムと権限の階層（ヒエラルヒー）が必要であることは専門家や経営者の間で広く認められている。しかし現在では、多くの国々において「すべての成人は基本的に平等である」という民主主義の思想が浸透し、社会における諸権利の平等が求められるようになってきた。これに伴い、職位の格差に依拠する権威主義的な経営体制が見直されるようになり、組織内でも民主主義的な雰囲気が尊重されるようになった。

多くの企業では「支配」のイメージを表面化させないで、「会社はそれぞれが機能を有するメンバーの『貢献』によって成立する協働のシステムである」という「協働」の概念を強調するようになった。先進国の企業においては、人事管理の面でも機会の均等を保障し、地位による形式的な格差を廃止し、意味のない抑圧的雰囲気や階層の細分化はできるだけ避ける努力がなされるようになった。職位による給料支払方式やフリンジ給付における格差を取り除く企業の数は増えている。

従来型の日本型経営の特徴の1つは、企業内の階層による格差が小さいことである。日本企業においては、組織内の地位による給与格差も欧米企業に比べるとずっと小さい。たとえばアメリカでは、幹部経営者（ＣＥＯ）と最も給料の低い社員との報酬の差は、５００倍を超えるという。日本企業では、この数値は大体5倍から30倍程度であるといわれる。(45)

日本でも取締役会の国際化が進むにつれて、一部の企業においては以前に比べると高額の役員報酬が支払われるようになった。２０１０年には日本でも、上場企業に対して、1億円以上の報酬を受け取っている役員がいる場合、役員名と報酬額を公開することを義務づけることになった。２０１０年3月期決算においては日産自動車のカルロス・ゴーン社長をはじめ２８９人の報酬1億円以上の役員名が公表され、２０１１年、２０１２年、２０１３年と各年３００人前後の役員名が公表されている。役員に対して1億円以上の報酬を支払っている企業は、全上場企業の1割強にあたる。(46)

図表4-1は、２０１１年の日本企業とアメリカ企業の役員報酬の上位5位までをリストしたものである。この表に掲載されているアメリカと日本の経営者の報酬額を比べると、前者は後者の10倍近いことがわかる。アメリカの幹部経営者に対する報酬のあり方については多くの疑問が提起されている。経営者だけが桁外れの報酬を受け取ることに対して世論は一般に批判的である。２００2年にギャラップ社が実施した世論調査によれば、アメリカ人の90％が「今の経営者に社員の利益を守ることはできない」と感じており、43％が「経営者は自分たちの利益しか考えていない」と答えている。(47)イギリスで実施された別の調査によれば、同様の回答が95％に達している。(48)またイギリスの経営学者チャールズ・ハンディは、アングロ・サクソン型の企業統治システムのもとでは、経営者が自己利益の追求にばかり走るという弊害がしばしば生ずることを指摘している。(49)幹部経営者に支払われる報酬は、彼らを動機づけるに十分な額、すなわち彼らの仕事と責任に見合った額でなければならないが、しかし組織の結束、社会の統合の重要性を考えると、社会的な承認を得られる水準でなければならない。

(45) 渡邉正裕（2006）「ビジネスマン「地位と年収」の見取り図」『プレジデント』7月31日号、33-53頁。

(46) 朝日新聞デジタル「報酬1億円以上の経営者、289人の一覧 国内上場」2010年7月7日；Ceron.jp「報酬1億円以上は301人 トップは日産ゴーン社長」2013年7月12日。

(47) Handy, C.（2002）What's a Business For, *Harvard Business Review*,（December）pp. 49-55.

(48) 同上。

(49) 同上。

図表4－1にリストされている社長・会長の年収が、その企業の従業員の平均年収の何倍かを計算したデータによれば、格差が最も大きいのは役員報酬が最も高い日産である。日産の従業員の平均年収は685万円なので、ゴーン社長の報酬はその143倍になる。アメリカ企業については、従業員の平均年収のデータがないので推測による概算であるが、1位のユナイテッド・ヘルス・グループのヘムスレイ社長の年収は従業員の平均年収の1000倍から2000倍になる。

これまで日本企業では、組織内の地位による給与格差は比較的小さく、組織の中においても、また社会的にも承認を得られる水準であった。こうした平等主義は、ブルーカラー雇用者やホワイトカラー事務職の管理には有効で

図表4－1　役員報酬トップ5　日本 vs アメリカ（2011年）

日本

順位	社名	人名・役職名	報酬額
1位	日産自動車	カルロス・ゴーン 社長	9.8億円
2位	ソニー	ハワード・ストリンガー 会長兼社長	8.6億円
3位	大東建託	多田勝美 前会長	8.2億円
4位	タカタ	高田重一郎 社長	6.9億円
5位	エース交易	榊原秀雄 前会長	6.1億円

アメリカ

順位	社名	人名・役職名	報酬額
1位	ユナイテッド・ヘルス・グループ	スティーブン・ヘムスレイ社長/CEO	＄101.9M（78.6億円）
2位	クウェスト・コミュニケーションズ	エドワード・ミュラー 社長/CEO	＄65.8M（50.7億円）
3位	ウォルト・ディズニー	ロバート・アイガー 会長/CEO	＄53.3M（41.1億円）
4位	エクスプレス・スクリプツ	ジョージ・バズ 会長/CEO	＄51.5M（39.7億円）
5位	コーチ	リュウ・フランクフォート CEO	＄49.4M（38.1億円）

千万円未満、10万ドル未満切り捨て　＄M＝百万ドル　＄1＝77.16円で換算
出所：日本のデータは『会社四季報』、アメリカのデータは *Forbes* による。

あった。こうした日本的アプローチは、彼らの帰属意識や職場に対する誇りを高め、彼らの社会的欲求や自我の欲求の満足に貢献し、彼らのモティベーションを高めるのに役立ってきた。ただしこうした平等主義は、第6章でも述べるように、経営幹部、管理職あるいは上級職の動機づけには大きな問題となる。日本企業においても経営幹部の報酬を引き上げる企業が増えている背景には、彼らのモティベーションに対する配慮があると考えられる。幹部経営者を動機づけることは重要であり、そのための改革は必要である。しかしながら、これまで日本企業で支持されてきた「社内の給与格差を組織内で受け入れられる水準に保つ」という日本的平等主義の考え方は、組織の結束にとって根源的な意味を持つ。

また欧米の企業ではブルーカラーとホワイトカラーの間の移動はほとんどないが、日本企業においては、階層を越えた昇進が可能で、工場の現場で働く従業員が本社の管理職に昇進することもある。こうした政策は、会社が「チャンスは全員に与えられている」という考え方を実施していることを従業員に印象づける上で役立っている。

さらに、経営者自らが現場に入って従業員に接触するという日本的「人間主義」、「現場主義」も、共同体意識の醸成を促し、従業員の社会的欲求の満足に寄与し、彼らの士気を高める。こうした日本的なアプローチを重視する日本企業は多く、またこうしたアプローチを海外拠点においても適用している企業は多い。

たとえば、第5章で詳しく述べるとおり、トヨタUKでは、ワークチーム制度やQCサークルにより、実際に作業の行われている場所において作業の実行の中から生じる問題点を捉え、それを改善し、能率と作業の質の向上を計るという「現場主義」を実施している。現場で製品の質を高めていくという「現場主義」は日本企業の強みであり、さらにそこに新しい要素であるITやアプリも取り込んでいけば、この機能をさらに強化することができる。またトヨタUKでは、「地位の同等」（single status）という理念を重視し、全社員に対して同一の給与支払い形式やフリンジ給付制度を適用している。さらに、様々な会社施設の日常的な使用についても、原則としてすべての社員を「平等」に扱うことにしている。（第5章参照。）

また同じく自動車製造業のスズキでは、インドの子会社であるマルチ・スズキ・インディアの工場においても、スズキ流の経営手法を実施し、「朝の挨拶」を必ず行い、全員が同じ社員食堂で昼食をとるようにしている。いまだにカースト制度の影響が色濃いインドでは、こうした慣行は初めは必ずしもスムーズに実施できるとは限らないが、やがては受け入れられるようになり、うまく機能するようになったという。(50)

富山県に本社のある建設会社、丸新志鷹《まるしんしたか》建設では、ネパールやブータンで道路の建設工事を請け負っているが、日本でこれまで用いられてきた方式を適用している。これまでに培われてきた技術力、安全維持のノウハウを生かしつつ、伝統的な「飯場」の制度を用いて、現地の労働者を組織して飯場を移動しながら大規模な道路建設の工事を進めている。飯場は作業員が宿泊し食事と休息をとる施設であるが、夕食のときには日本人リーダーと現地人従業員がみんなで食卓を囲み、賑やかに会話を交わし、コミュニケーションを図る。こうした方式の現場力と機動力は海外でも評価されているという。(51)

【4】イノベーションにおける優位性

(1) 息の長い開発を可能にする長期的視座

欧米企業では株主利益が最優先され、株主の立場に立った価値観である株主資本利益率の極大化が経営上の重要な要請と考えられる傾向がある。そうした環境においては、短期的なリターンが見込めない

(50) バルガバ, R. C. 著、島田卓訳（2006）『スズキのインド戦略―「日本式経営」でトップに立った奇跡のビジネス戦略』中経出版；テレビ東京「カンブリア宮殿」2009年4月5日放送。
(51) NHKビズプラス、2013年2月13日放送。

事業は株主の承認を得にくい。また短期的な業績に基づいて経営者の評価がなされるため、社長は自分の任期中に成果を出さないと退任させられることを恐れがちである。また欧米企業では実績主義による報酬体系をとっているが、こうした体制の下では、人々はリスクが小さく短期的な効果が期待できるプロジェクトにばかり目を向けがちになり、長期的な事業を行うことは難しい。しかし創造的な活動は大きなリスクを伴うことが多く、何十年か先を見据えた研究開発が必要なケースも多い。

伝統的な日本型経営の特徴である長期安定雇用は、研究開発（R&D）、特に創造的なイノベーションに向いている面があるといわれる。たとえば長期安定雇用が前提となっていることによって、企業は安心して従業員の能力開発に投資できる。海外留学制度なども能力開発のための長期的な投資である。キヤノンの御手洗冨士夫・会長兼社長も、日本型の雇用制度をベースにした長期の人材活用が可能なこと、さらに粘り強く1つの技術開発を追求できる環境が存在することが、日本で息の長いイノベーションが生まれる基盤になっていると述べ、日本の文化に根ざす革新力を生かすことの重要性を強調する[52]。長期的視点に立ったマネジメントと技術競争力との間には相関があるという研究結果もある[53]。

長期的視点からの研究投資といっても、市場における将来的な収益性の見込みがなければならないことはいうまでもない。こうした場合にも、日本的な長期継続的な企業間ネットワークとその基盤となる企業間の信頼関係は、将来にかかわる不確実性を軽減し、イノベーションに対する積極的姿勢を促進する。以下にあげるのは、長期安定雇用と経営者の長期的視座に支えられた息の長い研究開発によって、新しい製品の開発に成功した例である。

(52) 御手洗冨士夫・日本経団連会長「日本を磨く、もっと強く、文化に根ざす革新力を」日本経済新聞、2006年5月29日朝刊。
(53) 山下真吾（2007）「長期的視点に立ったマネジメントと技術競争力に関する研究：日米鉄鋼業の比較分析」『経営戦略研究』第1号、205-215頁。

①**昭和シェル石油〈CIS太陽電池〉**

石油元売業の昭和シェル石油では1973年のオイルショックをきっかけに石油に代わる再生可能エネルギーの開発について考えるようになり、1978年に太陽光エネルギーの研究開発に着手した。30年近い年月をかけて新型の太陽電池、CISを開発し、2005年にその事業化を決定し、2007年に宮崎工場で商業生産を開始した。CIS太陽電池は、シリコンおよびカドミウム（有害物質）を使用せず、銅、インジウム、セレンを主成分とする薄膜太陽電池である。従来の結晶シリコン系太陽電池のシリコン層の厚みは約200～300μmであるのに対し、CISはその100分の1の約2～3μmの厚さで製造することができるため、原料となる様々な資源の大幅な節約が可能になり、発電効率も大きく向上する。2010年以降はソーラーフロンティア社（昭和シェル石油が100％出資する子会社）として生産を拡大し、ドイツ、アメリカにも販売法人を設立している。

この製品の開発にあたった責任者は、会社が当初、自分の発案を拒否せず、この間黙って研究を続けさせてくれたからこそ、ここまでの成果を見ることができたとコメントしている(54)。

②**トヨタ自動車〈生分解性プラスチック〉**

トヨタ自動車では、1998年に環境関連の新規事業に取り組む「バイオ・緑化事業部」を立ち上げ、「生分解性プラスチック」の開発に着手した。生分解性プラスチックは、従来のプラスチックと同じ機能を持ちながら、土壌中の微生物によって水と炭酸ガスに分解されるため、使用後の廃棄処理に際し、地中への埋め立てが可能となる。さらに、これまでの石油由来の化学合成系の原料に代わって、さつま芋やさとうきびなどの植物を原料にできれば、石油資源の節約になる上、使用後に焼却しても二酸

(54) TBS ニュースバード、2011 年 7 月 11 日放送。

化炭素の増加には繋がらない[55]。こうして開発された生分解性プラスチック製品は、自動車のスペアタイヤカバーやフロアマットに使用される。経営幹部は「将来的には売り上げ数兆円ベースのビジネスに発展させることができると期待している。初期投資はかかるが、長期的な視点で見ている」と述べており、10年先、20年先を見据えた長期的な戦略の重要性を強調する。

③東レ株式会社〈炭素繊維、逆浸透膜（RO膜）〉

(a) 炭素繊維

東レの炭素繊維は、現在では、ボーイング社の航空機であるボーイング787の機体の素材として使用されるなど需要も拡大し、東レは炭素繊維の世界シェアでトップの座（2013年現在40%）を占めるようになった。しかし、東レで炭素繊維を開発して商品化し、採算がとれるようになるまでには、30年間赤字が続いたという。東レが炭素繊維の研究を開始したのは1967年のことである。1957年にアメリカで炭素繊維が試作され、1967年にイギリスのロールス・ロイス社がジェットエンジンに炭素繊維強化プラスチックを採用することを発表、同年に東レも研究を開始し、1971年には高強度炭素繊維T300の製造・販売を開始した。1982年、T300を部品に用いたボーイング757、767、およびエアバスA310が初飛行した。軽量化されているので燃費が良いことが採用の第1の理由であった。1982年にフランスに炭素繊維製造のための合弁会社を設立、1992年にはアメリカに、また2003年には韓国に製造拠点を設立し、海外での現地生産も拡大している[56]。

開発の事情に詳しい東レ関係者は、「こうした製品の開発には莫大な経費がかかり投資も巨額になる。そのため、長期雇用の安定した会社風土があり、1-2年で答えが出なくても10年後、15年後はどうか

(55) あすみ研究所「トヨタ自動車 株式会社 1. 生分解性プラスチック 開発の経過」（http://www.asumi-lab.com/pdf/as_417.pdf）2005年1月22日。
(56) TORAY「TORAY炭素繊維の歴史 - Toray Advanced Materials Korea Inc」（http://www.torayamk.com/jp/html/product/carbon_03.aspx）2013年。

という長期的な成果を見据えることができないとやり遂げることができない。東レが研究開発を始めた当初は、欧米の化学メーカー数社も研究を行っていた。しかし、ほとんどは途中で辞めてしまった。結果としてやり続けた日本メーカーだけが今やっと事業化できている」と述べている。(57)

(b) 逆浸透膜（ＲＯ膜）

現在、海水淡水化、浄水処理、あるいは家庭用浄水器などに広く利用されている逆浸透膜（ＲＯ膜）の開発を東レが開始したのは１９６８年のことである。きっかけは、その前年の１９６７年にアメリカのデュポン社が芳香族ポリアミドの逆浸透膜の開発に成功したというニュースが伝わったことであった。１９７２年、２年間のアメリカ留学から帰国した栗原優が、逆浸透膜の開発を主導するようになり、１９７６年、東レは日本企業で初めて逆浸透膜の事業化を発表した。(58) 同年末、廃水を再利用するための浄化膜としてＩＢＭの野洲工場が東レの逆浸透膜を採用した。廃水処理の市場は、当時は非常に小さいものであり、初めての受注であった。

しかし、その後、半導体工場における超純水製造向けの市場が急速に成長し、東レの逆浸透膜事業も、半導体産業の成長とともに成長していき、１９８２年、東レは量産化のための開発に着手、１９８５年には愛媛工場内に量産体制を整備した。これと並行して、東レが開発した逆浸透膜は、海水淡水化用にも適用できることがわかり、１９９４年、栗原らは高効率の「2段法海水淡水化システム」を確立し、１９９９年、東レはこのシステムを商業化した。(59) ２０００年代に入り世界各地で水不足が懸念されるようになり、淡水化プラントは数が増えると同時に大規模化し、逆浸透膜の需要は拡大した。さらに、逆浸透膜は汚れによって性能が劣化するため、交換需要も生まれた。２０１０年時点での逆浸透膜の世界

(57) 2013年6月に東レで実施された面接調査による。
(58) 中心研究者紹介「Mega-ton Water System」（http://www.megatonwater.com/message.html）。
(59) 栗原優「期待される膜利用水処理技術」東レ株式会社（http://www.toray.co.jp/ir/pdf/lib/lib_a083.pdf）2003年9月3日。

シェアで東レ（14％）は世界第3位である（首位はダウ・ケミカルで33％、2位は日東電工で30％）。

2003年に東レは、高性能なポリアミド複合逆浸透膜の開発、および高効率の逆浸透膜システムの開発という業績により、大河内記念生産賞を受賞した[60]。1968年に東レが開発の開始を決定してから実に35年を経ていた。その間、開発を手がけてきた企業の多くは、市場から撤退したり、他社に吸収されたりしている。これら製品の研究開発の中心となってきた栗原によれば、厳しい競争の中で東レが開発を続け、事業化に成功し、世界シェア3位を占めるまでになったのは、1つには需要が拡大する分野で他社と厳しい性能競争を繰り広げながら開発を進めてきたこと、もう1つは、開発チームの粘り強い努力を経営トップが理解して支えてきたことにあるという[61]。

（2）義務を超えたコミットメントから生まれる心理的エネルギー

企業がさらに業績を伸ばすためのイノベーションや創造性を生み出すためには、義務のレベルを超えた自発的な協力、つまり積極的に協力しようという場合に限って明らかにされるような知識の提供や共有が必要となる。義務としての労働以上の積極的なコミットメントは、経営者と経営システムに対する信頼、共同体意識、およびそれらから生まれる忠誠心を前提とする。社員の間に信頼や忠誠心が根付いている職場においては、義務のレベルを超えた積極的なコミットメントが得られ、単純な金銭的報酬では引き出すことのできない心理的エネルギーを引き出すことができる。第5章で述べるように、日本型のリーン生産方式は、信頼や忠誠心を醸成し、現場に権限と自律を与えることによって、知的労働をも含めて、労働者からより多くの労働を効果的に引き出すことのできる管理方式であるといわれる。

こうしたアプローチは、工場生産の現場で働くブルーカラーのみならず、研究開発に携わる専門職に

(60) 受賞業績および受賞者「大河内記念会」(http://www.okochi.or.jp/hp/f03.html)。
(61) 藤原雅俊・青島矢一・三木朋乃「東レ―ポリアミド複合逆浸透膜および逆浸透膜システムの開発」一橋大学GCOEプログラム『日本企業のイノベーション―実証経営学の教育研究拠点』大河内賞ケース研究プロジェクト（pubs.iir.hit-u.ac.jp/admin/ja/pdfs/file/1205）2010年12月24日。

対しても適用される。つまり、ルーチンワークや肉体労働、単純労働だけでなく、創造力、思考力など、知的な労働資源をも効果的に引き出して、最大限に活用することができる。社員の潜在能力を最大限に引き出すためには、管理をできるかぎり縮小し、社員がより自由に高度の目的を達成できるような環境を作ることが重要である。こうした環境を作ることによって、社員1人ひとりに力を与えることができる。いわゆる「エンパワーメント」と呼ばれる現象である。こうした環境を作り出す方法として知られているのが、京セラの「アメーバ経営」である。

京セラ〈アメーバ組織〉

京セラで実施されているアメーバ経営は、社員から1人ひとりからイノベーションのための力を引き出すために考え出された経営方式である。会社の中に「アメーバ」と呼ばれる小さな組織を数多く作り、これらの小さな組織が経営の単位となり、会社が提供する資金を使って利益を出すというものである。[62]京セラの創業者で社長、会長としてアメーバ経営を実施した稲盛和夫・名誉会長によれば、会社の規模が大きくなって大組織になると、経営が官僚的になりがちで、トップによる上からの指図にばかり依存して動くようになる。「ボトムアップ」による下からの力が日本の組織の強みであったが、組織の大規模化に伴い、そうした従来の良さが失われる傾向がある。[63]

大きくなった組織を「アメーバ」という小集団に分けて独立採算にすることで、現場の社員1人ひとりが採算を考え、自主的に経営に参加するようになる。経営トップはそれらのアメーバ組織を監督する。アメーバ経営は、社員の企業家精神、経営者マインドを養い、みんなが上からの指図によってではなく、自発的に働くことを促すものである。すなわちこの方式は、社員1人ひとりの力を引き出して、会社の

(62) 稲盛和夫（2010）『アメーバ経営』日本経済新聞出版社。
(63) NHKスペシャル「メイド・イン・ジャパン　逆襲のシナリオⅡ　第1回　ニッポンの会社をこう変えろ」2013年5月11日放送。

力に結び付けていくことを目指す「全員参加経営」のシステムであるという。このアメーバ経営が幾多のイノベーションを生み、京セラの成長を可能にしたといわれる。京セラのアメーバ経営は、今では他社においても導入されており、鉄道模型メーカー、関水金属ではこの方式を取り入れて組織の活性化に成功したという(64)。

日本の組織の特徴である長期安定雇用は、往々にしてメンバーの間に「甘え」を生じさせる。そうなると組織は活気のない守旧的なものになり、創造性や達成意欲とは縁のないものになってしまう。こうした状況の発生を防ぎつつ組織の活性化を図るためには、日本の組織が持っている信頼関係を効果的に活用し、これをベースに社員が積極的に新しい目標にチャレンジする雰囲気を作ることが重要であろう。京セラでアメーバ経営を実施した稲盛名誉会長も、イノベーションや創造性を生み出すこうしたシステムを機能させるには、組織のメンバー相互の信頼関係が重要であると述べている(65)。

5 結論

本章で述べたように、日本ではイエ制度に由来する組織原理および社会関係の構造が、事実上の家族という単位を越えて、近代的な企業組織に適用されることによって、民間企業の主要な経営慣行が形成されていった。そこでは、親族関係にない人々より成る擬似家族的集団の中で「信頼」が日常的に醸成され、再生産され、人間関係が「社会関係資本」として蓄積されていった。こうして蓄積された信頼と互酬的社会関係が、日本で民間の大企業が育ち、発展する基盤となったのである。このような歴史的な過程を経て形成された日本の社会関係資本には、同時に合理的、普遍主義的な側面があった。このこと

(64) 前掲 (63)。
(65) 青山敦 (2011)『京セラ稲盛和夫、心の経営システム』日刊工業新聞社。

は、社会関係資本が「展開型」として機能する上で重要な役割を果たし、外部資源との連携や情報交換を促進し、より幅広い互恵的なシステムを生み出す上で有効に作用した。つまり、伝統的な家族制度に由来する共同体主義が、合理主義、普遍主義と結びついて、日本の企業組織発展の強力な基盤を形成していったのである。

1990年代以降、多くの企業でリストラが進められ、市場志向を強化する政策がとられるようになり、組織管理においても競争原理を導入する動きが進んだ。しかしながら、今ここで、過去四半世紀の動きを見直し、他のシステムにない日本的な社会関係資本の良い面をもう一度確認し、それを新たな文脈において生かしていくことが日本企業の今後の発展の鍵になると考えられる。本章においては、日本的な社会関係資本のポジティブな機能により生まれる組織経営の4つの特性、すなわち①信頼と互酬性規範、②社会的欲求に応える人間関係論的アプローチ、③平等主義と現場主義、④息の長い開発と積極的なコミットメントが生み出すイノベーション推進力、これらがどのようにして現在の日本企業に強さをもたらしているのかを具体的な事例をあげながら見てきた。

本章で述べたように、社会関係資本は、企業の発展にとってポジティブな側面とネガティブな側面とを合わせ持っている。企業は社会関係資本のネガティブな側面を断ちつつ、ポジティブな側面を「展開型」として積極的に生かすことによって、業績を伸ばし、国際競争力を高め、グローバル市場においても優位な展開を進めることができると考えられる。

第5章

世界に生きる日本型経営

1 はじめに

過去半世紀間の日本企業のグローバル化には著しいものがある。日本企業による海外直接投資は、為替レートなどの影響により年ごとの変動は見られるものの、長期的に見ると増加の傾向を辿ってきた。日本からの直接投資額は、1985年のプラザ合意を契機に80年代後半に急激に増大し、90年代に入ってバブル崩壊とともに一時減少したものの、1994年あたりから再び増加に転じた。投資額はその後多少の変動を含みながら増加し、2013年には13・4兆円と過去最高を記録した。日本からの海外直接投資の増加傾向は今後も続くものと予想され、日本企業の海外生産も同時に増大していくものとみられる。

日本からの投資額の多い国は、年ごとに変動するものの、アメリカ、イギリス、中国、オランダなどが上位を占めてきた(1)。近年では、アジア地域への投資、とりわけ相対的に人件費の安いASEAN(東南アジア諸国連合)諸国への投資も大きく増大している。

ここ数年間を振り返って見ると、2006年から2007年にかけてアメリカで表面化したサブプライムローン問題、それに続く2008年のリーマン・ショックは、グローバルな金融不安を引き起こし、世界経済に深刻な影響を与えた。しかし、2012年中頃からアメリカ経済が緩やかな上昇傾向を辿り始めたこと、また2013年になって日本で新たに発足した安倍晋三自民党政権による金融緩和策により円安が進んだこと、などにより、2013年には、業績の改善を報告する企業が増えた。

とりわけ自動車産業は好調で、トヨタ自動車は2013年度の営業利益が1・3兆円で5年ぶりの営

(1) ジェトロ「直接投資統計―貿易・投資・国際収支統計(日本)2013年度」(http://www.jetro.go.jp/world/japan/stats/fdi/)。

業黒字となった。他の自動車6社もすべて増益となった。業績が好調な自動車会社は、海外での生産の増強を計画している。ホンダ（本田技研工業）は2014年にメキシコの新工場の生産を開始し、売れ筋の小型車「フィット」の生産の一部をこの工場へ移管する。トヨタは高級車「レクサス」の生産の一部を2015年に米国ケンタッキー工場へ移管するとしている。[2] 2013年度の売り上げ、利益ともに過去最高を記録した富士重工業も、米国インディアナ工場での「スバル」の生産能力を2016年末までに現状の約5割増に増強すると発表した。[3]

日本企業の海外拠点の経営については多くの研究がなされているが、関心を集めてきた1つのテーマが、日本的な組織管理の方式がどの程度現地に適用されているのか、そして適用されているとすれば、現地でうまく機能しているか否かということである。製造業において日本企業が海外生産を始めて数十年が経過した今、改めてこれを評価する必要がある。本章においては、日本企業の海外進出の成功の事例を分析し、日本企業の優位性はどこにあるのか、日本企業が有している制度の中で、今後の展開において成功の鍵となるのは、どのようなものであるのか、改善、修正する必要があるとすれば、どのような点においてであろうか。海外で日本的な生産と経営の方式を根づかせてきた自動車企業を中心にこのような視点から分析を進める。

(2) 大和総研グループ「増勢続く日本企業の海外直接投資」(http://www.dir.co.jp/consulting/asian_insight/120927.html) 2012年9月27日。
(3) 同上。

2 リーン生産方式とその海外展開

【1】日系製造企業の成功経験

第2章で述べたように、日本型経営方式は日本企業の生産性を高め、経済成長を促進する上で重要な役割を果たした。1960年代の高度成長期には、日本経済の驚異的発展を可能にしたこの非西欧的な組織運営の様式は世界的関心を喚起した。特に、1960年代後半以降、生産性の伸び悩み、競争力の相対的低下など、科学的管理体制のもとで多くの問題を抱えるようになったアメリカの経営者の中には、日本型経営に積極的な興味を示す者は少なくなかった。

1970年代になって日本の賃金水準が欧米並みになると、日本企業の競争力が低賃金だけに由来するのでないことは明白になった。米国の経営者は、日本企業の競争力の秘密が、進んだ生産技術（オートメーション化など）や低賃金にあるのではなく、むしろ全労働力の組織化の効率にあるということを認識し始めた(4)。同じ製品デザインと生産技術を使った場合でも、日本企業は米国企業に比べて低コストで品質の良い物を生産する。米国企業と日本企業の間のコストにおける差異のうち、賃金水準によって説明できるのはその3分の1以下であるといわれる。つまり、両者における品質、コストの差異の大部分は、人的資源の管理のされ方、組織の編成のされ方にあるといえる。

著者は、これまで製造業、金融業、サービス業などの分野で操業する多くの在外日本企業の調査を行ってきた。在外日本企業の経営を業種別に比較してみると、金融などの非製造業では、人事管理など

(4) Brooks, H.（1981）Social and Technological Innovation. In Colglazier, E. W. Jr. and Lundstedt, S. B.（eds.）, *Managing Innovation: The Social Dimensions of Creativity, Invention and Technology*, New York: Pergamon Press, pp. 1-30.

の面で多くの課題を抱えているところが多いが、これとは対照的に、自動車製造業では現地人ブルーカラーの人事管理に一応の成功を収めており、業績も良好である。現在アメリカおよびイギリスで生産活動を行っている日本の自動車企業のほとんどは、日本的な生産と組織管理の方式を適用してきた。これは、多くの日系企業が現地の標準的経営慣行、あるいはその修正版を在外拠点で採用してきたのとは対照的である。一般に在欧米日本企業の雇用制度は混成型であるといわれているが、現実には現地方式に近いケースが多い。この点に関しては、いくつかの調査の結果、費用を会社が負担する余暇活動、一般労働者へのボーナス支給といった日本的フリンジ給付、さらにはレイオフは極力回避すべく努力するといった姿勢に日本的経営技法の適用が見られたり、また専門職・管理職の人事管理において業績主義が徹底していないといった日本的要因が残存したりしてはいるが、雇用制度の体系そのものは、典型的現地企業の方式にかなり近いものであることが明らかになっている[5]。

こうした中で日系自動車企業は、在外拠点において典型的な日本型の生産方式と組織スタイルを適用している。この日本的な生産方式と経営慣行の中心にあるのが「リーン生産」、「ジャスト・イン・タイム」、あるいは「かんばん」などと呼ばれるシステムで、トヨタ自動車によって最初に開発された方式である。その後、ホンダ、マツダ、富士重工業、三菱などその他の日本の自動車メーカーとそれらの海外拠点、さらにはフォードやGMのサターン工場などアメリカの自動車メーカーでも、それぞれ成功の度合いは異なるものの、このトヨタの経営方式を倣うことを試みた。

日系自動車企業のアメリカにおける経営は、アメリカ企業にも少なからぬ影響を与えた。ホンダが1982年にアメリカで生産を開始してから30年余り、トヨタが1986年にケンタッキーに車両工場を設立してやはり30年近くが経過したが、この間、これらの日系自動車企業がアメリカの業界に与えた

(5) たとえば在米日本企業の事例については、日本生産性本部「アメリカの雇用制度―雇用処遇制度に関する調査研究」、1981年参照。また在独日本企業の事例については、Park, S. J.（1989）Personnel Management of Japanese Subsidiaries in West Germany, In Shibagaki, K., Trevor M. and Abo, T.（eds.）, *Japanese and European Management: Their International Adaptability*, Tokyo: Univ. of Tokyo Press, p. 209 参照。

影響は計り知れないといわれる。つまり、日本の文化にとどまらず、開発や製造における新たなベンチマークの確立につながる哲学と実践を持ち込んだといわれる。米国の調査会社のある幹部は、「(日系自動車企業は)アメリカのハートランド(中西部)に進出し、独特な海外(日本)の職場慣行とサプライヤーを通じて労組化されない工場を築き、30年以上も拡大を続けられることを証明した」という(6)。

日本の自動車企業がどのようにして日本型の経営方法を欧米の工場に移植したのか、またそれをどのようにして効果的に運営し続けたのか、ということは、社会的にも学問的にも非常に大きな関心を集めることになった。つまり、日系自動車企業の海外進出は、典型的な日本型組織の異文化環境への移植という大規模な社会的実験の機会を研究者に提供することになったのである。こうした事情により、日系自動車企業の生産管理の方式である「リーン生産」に関しては、多くの研究がなされてきた。これらについては、次項(2[2](2))で述べる。しかし、こうした関心の高さにもかかわらず、生産現場の人間的側面、つまり現地の従業員が日々どのように仕事をし、どのような意識をもってチームや組織に関わり、どのようにして高品質の製品を製造しているのか、という従業員の行動と意識の実態については、あまり多くの研究はなされていない。本章においては、そうした実態を明らかにすることによって、なぜリーン生産が、持続可能なシステムという観点から見て、大きな成功を収めているのかを解明したい。

【2】リーン生産方式に対する新たな評価

(1) リーン生産方式とは

「リーン生産方式」による製造および組織編成の手法には、「ジャスト・イン・タイム」の製造工程や、

(6) 大野威(2001)「北米自動車産業における労使関係の転換:日本の影響を中心にして」『岡山大学経済学会雑誌』第3巻2号、11-23頁:ブログ「ホンダ アメリカオハイオ工場が30周年」(http://amefuji.blog22.fc2.com/blog-entry-3726.html)2012年11月16日。

「かんばん」(生産指示票)を利用した在庫コントロール、欠陥や問題が発見された場合に自動機械や作業者が生産を停止する仕組みである「自動化」、作業の標準化、継続的改善を志向する「カイゼン活動」、などが含まれる。ジャスト・イン・タイムは最小の部品・製品在庫を前提にした製造のシステム全体を意味し、組立工程で必要なときに必要な量の部品が「ちょうど間に合って」供給されるように、サプライヤーに対して通常1日1回ないし数回の納品を要求する仕組みであるが、これがリーン生産方式の別名である「ジャスト・イン・タイム」の語源となっている[7]。

1950年代にこの方式を最初に考案したのは、トヨタの生産技術部長であった大野耐一である。50年代のアメリカでは、第2次大戦後の朝鮮特需などにより需要は大きく伸びていた。当時アメリカでは、自動車は科学的管理方式のもとで高度に専門化・細分化した労働によって大量生産されており、自動車会社は生産ラインが止まらないように大量の仕庫を備える余裕があった。大野にとっての大きな問題は、こうした体制を支えるにはトヨタの市場は狭すぎるということであった。この問題を解決するため、大野は科学的管理方式による大量生産よりも全資本コストが安く、また資本1単位に対する生産性も高いシステムを考えた。

リーン生産方式の本質は、部品の供給から最終的な組み立てに至るまで、生産ラインのどの過程に問題が起きても簡単にラインを停止できることにあった。組立ラインに沿って設けられたそれぞれのワーク・ステーション(仕事スペース)で働く労働者の手の届くところに、ラインに沿って頭上に張られたコードから紐(ひも)が垂れ下がっていて、問題があればそれを引っ張ることによってライン全体を停止させることができる。ある労働者が作業を予定された時間内に終えることができなかったり、部品が予定どおりに納入されなかった場合、組立ライン全体が止まる。ラインに関わっている労働者や技術者

(7)「リーン生産方式」は、「トヨタ方式」、「かんばん方式」、あるいは「ジャスト・イン・タイム」システムとも呼ばれる。本書においては、この方式を高く評価し、システムの再体系化を試みたマサチューセッツ工科大学の研究グループが用いた「リーン生産方式」という言葉を使う。彼らが研究成果を発表した1980年代以降、この言葉は国際的に最も広く使われている。

全員が問題があることを知る。ラインで働く労働者や技術者に、欠陥が最終製品に組み入れられるままにしておくのではなく、問題をその発生源で解決するように仕向けるシステムである。

リーン生産方式を最初に設置して動かすのは難しいが、それがいったん動き始めると製品の質をかなり改善できる。科学的管理による伝統的な大量生産工場においては、たとえドア板が曲がっていても、労働者はそれにボルトをつけるというルーチン作業を継続するように動機づけられる。品質の問題は組立ラインの最後の箇所で修正される仕組みになっている。これに対し、リーン生産方式では、品質の問題はその発生源で、すなわち、ドア板に関する問題は組み立てを行うワーク・ステーションにおいて、あるいは納入業者の工場レベルで処理されることになる。多量の欠陥製品ができてしまう前に、品質の問題を明らかにすることが可能になるわけである。

さらにリーン生産方式では、意思決定の権限が組立ラインの労働者に委譲される。これにより、生産の効率は高まる。たとえば、大野が行った型板取付け過程の改革により、自動車の車体用の大型プレスの型板の取替え時間は1日から3分に短縮され、さらに取替えの専門家でなく生産労働者が作業を行えるようになった[8]。リーン生産方式では、科学的管理におけるように限定された単純作業をどのように行うかについて詳しい指令を受けるのではなく、労働者チーム全体が広範囲の責任を持たされ、より複雑な生産過程の問題を解決する方法をみんなで決定する。責任を作業チームに下ろすので、労働の細分化は制限される。労働者は様々な作業をするように訓練され、必要に応じて場所を移動することが可能になる。さらに作業チームは、ラインの運転について議論する時間を与えられ、どのようにしたら生産過程の効率が向上するかを提案するように常に奨励される。こうして「ワークチーム」、そして後にはQCサークルといった概念が生まれる。

(8) Fukuyama, F.(1995) *Trust: The Social Virtues and Creation of Prosperi*ty, New York: Free Press, p. 259.

ＱＣサークルとは、生産現場で共働している6－7人から20人位の労働者を1つのグループとし、生産にかかわる諸問題、労働過程や製品の質の向上などについて定期的に討議し、それらに関する提案を経営者側に提出して承認を求める制度である。ＱＣサークルは１９５０年代にアメリカでウィリアム エドワード・デミングによって考案され、デミングによる紹介を機に日本でも導入された。ワークチームに現場運営の権限を委譲するリーン生産方式を実施しているトヨタ自動車においては、このＱＣサークルは早くから導入され、今日に至るまで継続して実施され、トヨタの海外の生産拠点でも広く適用されている。

著者はアメリカやイギリスに所在するトヨタの生産拠点を調査研究のために幾度か訪問し、人事担当者、チーム・リーダー、従業員に対して聞き取り調査を実施してきた。そうした拠点の1つである英国ダービー州・バーナストンにあるトヨタＵＫの工場は、ＥＵ域内での重要な生産拠点と位置づけられ、業績も好調である。トヨタの国内外の多くの生産拠点においては、ワークチーム制度をベースにしながら、改善活動のためのＱＣサークルが従来より実施されてきた。たとえばトヨタＵＫでは、現在次のような仕組みでＱＣサークルが実施されている。

生産現場で働く3千数百人のブルーカラー雇用者は、ショップメンバーと呼ばれ、１６０のグループ（組）に分けられている。1グループはさらに4つのチーム（班）に分けられる。1つのチームは5人のチーム・メンバーと1人のチーム・リーダー（班長）の計6人より成る。チーム・リーダーの仕事は、欠陥を管理し、急に欠勤や怪我人が出たときにカバーしたり、また一度に2人が休暇をとったときに1人分をカバーすることであり、定常的にラインに就くことはしない。メンバーにオン・ザ・ジョブ、およびオフ・ザ・ジョブのトレイニングを与えるのもリーダーの役割である。1つのグループに1人のグループ・リーダー（組長）が置かれる。グループ・リーダーは、ラインの仕事はせず、人事を扱う。グループ・リーダーの上には、シニア・グループ・リーダー（工長）（工場全体で60～70人）が置かれる。

毎朝ラインが開始する前にチームで2～3分のミーティング、グループで5～10分のミーティングを持ち、品質や安全など、主として日常的作業について話し合いをする。それ以上の変革を伴う課題については、カイゼン・アクション・ミーティング（ＫＡＭ）と呼ばれるＱＣサークルを通して「改善プロジェクト」として提案される。経営者側（会社）は毎年1月と7月にその年の会社の「方針」（hoshin）に基づいて6ヶ月間のテーマを設定する。チーム・リーダーがプロジェクト・リーダーとなってチームに促し、これらのテーマの範囲内で課題を選び、これを「改善プロジェクト」として推進する。たとえばテーマが「顧客のための品質向上」であれば、チームは顧客のための品質向上に効果のあるような仕事のあらゆる局面についてブレインストームを行い、それから1つ、あるいは2つの課題を選び、品質管理のツールを使って問題を分析し、改善すべくチャレンジする。6ヶ月に一度グループで発表会を行い、続いて全社的な発表会を行う。

活動の目的は、メンバーの問題解決能力とリーダーの仕事のやり方を改善する能力を活用して業績を上げることである。つまり、メンバーの能力開発と会社の長期的な繁栄のためであるという。6ヶ月に一度の発表会は一般メンバーの意識を高め、理解を得るために有効であるという。１９９1年、イギリスでの操業開始と同時に毎日の小規模な改善活動を開始、１９９4年にＫＡＭの制度が作られ、メンバーに改善活動のための資源と時間が与えられるようになった。１９９7年に「改善プロジェクト」方式が、正式に策定され、それ以来この方式により、ＱＣサークル活動が実施されている。この制度のもとでは、品質管理部がプロジェクトの管理を担当し、品質管理担当取締役（イギリス人）が委員長を務める改善委員会と人事部が全社的に活動を組織、促進し、その下でグループ・リーダーが活動を促進する。

会社としては、1つのチームで年間2つの改善プロジェクトを実施することを目標としている。全チームがKAMを開始するが、プロジェクト実施の負担が大きいこと、残業の負担が大きいことにより、完成率は概して低い。ここにQCサークルを継続することの根本的な難しさがある。改善活動を持続させ、完成させるために最も重要な要因は、グループ・リーダーとチーム・リーダーが積極的にイニシアティブをとり、活動を促進することであると従業員は指摘する。また人事担当者は、改善に従業員が協力し、改善が成功するのは、改善の結果、生産性が上がればボーナスが出るからであり、これを明確にすることが重要であると指摘する。

(2) リーン生産方式の比較優位

リーン生産方式に関しては、多くの文献が存在し、非常に高く評価するものからきわめて批判的なものまで様々である。肯定的な研究者や専門家によれば、日本の自動車製造企業で実施されているリーン生産方式は、雇用の安定と職務の充実を図り、従業員に実質的権限を付与することによって彼らをエンパワーする。一方、従業員の側はこうした方式の運営に積極的に協力し、組織目標達成のために一生懸命努力する。リーン生産の成功の鍵は、会社と従業員の間の相互の信頼関係に基づく双方向のコミットメントにあるという。たとえばジェイムス・R・リンカーンやアーン・L・カーレバーグなどはこうした議論を展開している。[9] 言い換えれば、リーン生産は、知的労働をも含めて労働者からより多くの労働を効果的に引き出す巧みな管理方式であるともいえる。またトヨタ方式がフォーディズムに優るのは、

(9) Lincoln, J. R. and Kalleberg, A. L.（1990）*Culture, Control and Commitment: A Study of Work Organization and Work Attitude in the United States and Japan*, New York: Cambridge Univ. Press.

「労働者が保有する生産上の知識を生産合理化に利用することへの労働者の抵抗という古典的問題」を解決した点にあるともいわれる[10]。

このようなトヨタ方式の人的資源管理面での利点を重視しつつ、同時に生産管理工学の観点からもこの方式を高く評価するのがマサチューセッツ工科大学（ＭＩＴ）の研究グループである。ＭＩＴのジェームズ・Ｐ・ウォマックらは１９８０年代に「ＭＩＴ国際自動車プログラム」と呼ばれる研究に着手した。彼らは、日本の自動車製造工場の生産方式、特にトヨタのかんばん方式を研究し、その成果を再体系化して「リーン生産方式」と名づけ、一般化を試みた[11]。彼らがリーン生産方式と呼んだそのシステムは、労働者のエンパワーメント、革新的な生産手法、サプライヤーとの親密な関係を特徴とする。彼らは、日本的な人的資源管理も、日本的な生産管理工学も、一方だけでは効果的に機能しないと考えた。つまり、日本の自動車企業の効率を実現するためには、２つがともに機能しなければならないということなのである。

リーン生産に対しては、以上述べたような肯定的な評価とはまったく正反対の否定的な評価も存在する。トヨタ方式は、伝統的なフォーディズム型の生産方式に比べると、その成否を組み立て労働者の態度に依存する度合いが大きく、その分だけ労働者には大きな力が付与されることになる。つまり労働者の自律と権限は拡大する。しかし一方、各労働者から引き出される労働も大きくなる。肯定的な評価者たちあるいはトヨタ方式の支持者たちは、この権限の付与を「エンパワーメント」と見るが、否定的な評価者たちあるいは批判者たちは、これを「さらなる搾取」と見る。

日系自動車企業の経営に関する批判的な文献としては、ジョセフ・フチーニ／スージー・フチーニおよびスティーブ・バブソンの研究があり、米国ミシガン州で操業するマツダとフォードの合弁

（10）Dolse, K., Jurgens, U. and Malsch, T.（1985）From Fordism to Toyotism ? The Social Organization of the Labor Process in the Japanese Automobile Industry, *Politics and Society*, Vol. 14, No. 2, pp. 114-146.

（11）Womack, J. P., Jones, D. T. and Roos, D.（1990）*The Machine That Changed the World: The Story of Lean Production*, New York: Harper Perennial.（沢田博訳『リーン生産方式が、世界の自動車産業をこう変える』経済界、1990年）さらに、マーチン ケニーとリチャード フロリダもトヨタの方式を“Innovation Mediated Production”と呼び、肯定的に記述している。Kenney, M. and Florida, R.（1993）*Beyond Mass Production: The Japanese System and the Transfer to the U.S.*, New York: Oxford Univ. Press.

事業で、チーム・リーダーの役割などをめぐって労働者（全米自動車労働組合（ＵＡＷ）組合員）と経営側との間に生じた対立などが詳述されている。[12] またジェイムス・ラインハートらは、カナダのオンタリオ州で操業するＧＭとスズキの合弁会社ＣＡＭＩ（Canadian Automotive Manufacturing, Inc. 後にCami Automotive Inc.）でのチームをベースとする労働者の抵抗運動やストライキについて報告している。[13] フィリップ・ギャラハンとポール・スチュアートは、英国サンダーランドの日産自動車の組立工場でのリーン生産に関して、「仕事上および組織上の諸問題に対して、個人が責任を負うように促す、つまり会社はどうすることもできないのだと考えさせるシステムである」として非難している。[14] これら以外にも日系企業で働く工場労働者の不満や日本人経営者に対する否定的評価に関する報告は存在する。しかしこうした否定的報告の多くは、日系企業をすでに辞めた元従業員から入手した非好意的な情報に基づくものである。こうした否定的な報告の数は、よりバランスのとれた情報源に基づいた肯定的報告の数に比べるとずっと少ない。[15]

生産コストを下げながら同時に製品の品質を高めるという経営上の要請に応えようとするリーン生産方式が、伝統的な生産方式に比べて労働者からより多くの剰余労働を引き出すことになるのは確かであろう。したがって労働者に課されるプレッシャーはおそらく増大するであろう。しかしながら、トヨタが運営するリーン生産方式は、従業員の持続可能性と雇用の安定、および会社の持続可能性という要件を満たすことのできる数少ないシステムの1つであり、現在のところ、そうした観点から見て、これに優るシステムは出現していない。米国ケンタッキー州ジョージタウンにあるトヨタの工場（Toyota Motor Manufacturing, Kentucky［以下トヨタ・ケンタッキーと呼ぶ］）で聞き取り調査を行ったテリー・ベッサーは、リーン生産方式について次のように述べている。「ジョ

(12) Fuccini, J. and Fuccini, S.（1990）*Working for the Japanese: Inside Mazda's Auto Plant*, New York: Free Press; Babson, S.（1995）Whose Team? Lean Production at Mazda U.S.A., In Babson, S.（ed.）, *Lean Work*, Detroit, MI: Wayne Univ. Press.

(13) Rinehart, J., Huxley C. and Robertson, D.（1995）Team Concept at CAMI, In Babson S.（ed.）, *Lean Work*, Detroit, MI: Wayne Univ. Press.

(14) Garrahan P. and Stewart, P.（1992）*The Nissan Enigma: Flexibility at Work in a Local Economy*, London: Mansell.

(15) Trice, H. M. and Beyer, J. M.（1993）*The Culture of Work Organizations*、Englewood Cliffs, NJ: Prentice Hall, p. 349.

ブ・ローテーション、チーム作業、職務充実プログラム等々にもかかわらず、当工場での生産労働の多くが単調で知性を麻痺させるものであることは認めるが、しかし現実の経済条件を踏まえるかぎり、そうした事実だけではリーン生産方式を非難するには不十分である」と彼女は主張する。[16] つまり、管理コストなど現実の経済条件を考慮した上でそれぞれの生産方式を評価しなければならないというのである。

純粋に労働生活の質の観点からのみ考えるなら、ボルボのクラフト生産方式の方がリーン生産方式より優れているといわれる。しかし、この方式はコストがかかり過ぎて、結局のところ持続不可能であった。ボルボは１９７０年代、労働条件改善のためにベルトコンベアー方式の組立ラインを廃止し、各工程で従業員数人から成る作業チームを主体とする生産方式であるクラフト型チームを採用した。これがボルボモデルのクラフト生産方式である。スウェーデンの生産管理技法の研究者であるクリスチャン・ベリグレンは、１９９２年に刊行された著書*Alternative to Lean Production*の中で、クラフト型チームは、労働者の人間性を尊重する自律的作業集団として編成されるので、労働者の作業条件、自律性などの面においてリーン生産方式より優れているという調査結果を出している。[17]

著者自身、再編前の１９９７年にクラフト方式を採用しているスウェーデンのボルボの工場で職長、チーム・リーダーおよびチーム・メンバーを対象に面接調査を行ったが、職場の満足度は良好であった。著者がボルボの生産現場を訪れたとき、「車体に塗料を吹き付ける作業を除くすべての作業について１週間ごとに人員を異動するという徹底したジョブ・ローテーションを実施している」と職長が誇らしげに説明したのが印象的であった。クラフトチームは労働者に歓迎され、生産技術者らの注目を集める一方で、労働コストの高騰によってボルボは国際競争力を失っていった。結果として世界的な自動車会社再編の波の中で１９９９年、ボルボの乗用車部門はフォードに売却された。その後２０１１年には

(16) Besser, T. L.（1996）*Team Toyota: Transplanting the Toyota Culture to the Camry Plant in Kentucky*, Albany, NY: State Univ. of New York Press, p. 25.（鈴木良始訳『トヨタの米国自動車経営―チーム文化とアメリカ人』北海道大学図書刊行会、1999 年）

(17) Berggren, C.（1992）*Alternative to Lean Production: Work Organization in the Swedish Auto Industry*（*Cornell International Industrial and Labor Relations Report*）, Ithaca, NY: ILR Press.（丸山惠也・黒川文子訳『ボルボの経験：リーン生産方式のオルタナティブ』中央経済社、1997 年）

フォード傘下のボルボカーズは、中国の吉利汽車（ジーリーキシャ）に売却された[18]。クラフト生産方式は、労働生活の質の観点から見ると利点は多いが、この方式で自動車を製造するときのコストがシステムを持続困難にする。ボルボのクラフト型チームによる生産方式は、フォーディズム型生産方式とも、リーン生産方式とも競争することは難しい。

リーン生産方式は、「従業員の持続可能性」と「雇用の安定」という相反する2つの要請、さらに「品質維持」と「コスト低減」という相反する2つの要請、これらの間の妥協点を探りつつ最適化を図る努力を、最大限に行った結果として生まれたシステムであるといえる。リーン生産方式を用いた経営は、日本国内はもちろん、日系自動車企業の在外工場においても広く適用されている。この方式とその基礎にある概念は、著者自身の調査からも、またバッサーの調査からも明らかになったように、従業員に受け入れられている。特に従業員はこの方式による経営の結果として提供される雇用の安定を評価している。さらに重要なのは、トヨタやホンダの例にみられるように、この方式が長年にわたって用いられ、現在に至るまで操業が継続しているという事実である。

3 リーン生産の人間的側面―人間的ニーズと効率の両立を目指して

前項で述べたように、リーン生産方式は、「従業員の持続可能性」と「雇用の安定」、「品質維持」と「コスト低減」というそれぞれ相反する2つの目標を両立させるという困難な課題に対する解決方法を提供しているわけである。では一体、リーン生産方式を構成する諸要素がどのようなメカニズムによって相互に作用し合ってこのシステムがうまく作動しているのか。また、チーム・メンバー、チーム・リー

(18) レスポンス「ボルボ売却、フォードと中国吉利汽車が正式契約」（http://response.jp）2010年3月29日。

ダーをはじめ、関連する人々がどのようにして日々の困難に対処し、相対立する要請に応え、システム全体を持続的に機能させているのか。以下こうした問題について、特に組織の人間的側面に焦点を置きながら、具体的に見ていく。

【1】安定雇用とリーン労働体制

(1) 雇用の安定

1980年代に始まったリストラ以来、長年にわたって終身雇用を慣行としてきた日本企業の間でさえも、以前に比べると人員削減を行う企業が増えた。しかし、欧米企業に比べると、現在でも日本企業は一般に「雇用の安定」を重視する傾向が強く、人員削減を避けるためにより大きな努力が払われる。海外拠点においても雇用の安定を重視する日本企業は少なくない。このような政策はブルーカラー雇用者には評価され、現地の求人においても質の高い労働力を確保する上で相対的な優位をもたらしている。日系自動車企業においても、リーン生産方式を効果的に運営していくためには、会社と従業員の間の長期継続的な関係は欠くことのできない要素である。

ベッサーがトヨタ・ケンタッキーで行った調査においても、雇用の安定は、アメリカ人従業員にとって日系企業で働くことの最重要の利点を意味していたという。すなわち、雇用の安定は、彼らがトヨタで働こうと考えた理由であったり、あるいはたとえ金銭的にもっと有利な職を他の企業から提示されたとしてもトヨタにとどまろうと考える理由であったりしたという[19]。

著者が面接調査を行ったトヨタUKでは、雇用の安定について以下のような政策を実施している。すなわち、「長期的な雇用の安定が会社のプライオリティであり、レイオフについては、可能なかぎり、

(19) 前掲 (16), p. 104.

最後の手段となるまで行わない」としている。一般的に、英国企業や、英国で操業する米国企業では、レイオフは珍しくない。これまでフォード、GMの英国現地法人が相次いで工場を閉鎖して英国から撤退したので、トヨタUKなども業績が悪化すれば簡単に工場を閉鎖して撤退するのではないかと考えられていた。こうした一般の懸念に反して、トヨタUKでは1992年の操業開始以来、合理化のための人員削減は1件もない。10数年前に10％の人員余剰の状態が続いたことがあったが、このときですら解雇は行っていない。レイオフは絶対にやらないとはいわないが、レイオフは、可能なかぎり、最後の手段となるまで行わないという姿勢を貫いてきた。

こうした過去の実証された実績が従業員の士気に良い影響を与えていることは確かであろう。現場（ショップ・レベル）の従業員からは「仕事はきつい」とか、期限までに仕事を終えなければならないときには「残業をやらなければならない」とか、仕事についての苦情は常に出てくる。しかし経営者側はレイオフを避けるためには、これ位やらなければやっていけないことを繰り返し説明する。他社の例などを引き合いに出して、彼らがどんなによく処遇されているかを説明するという。新しいメンバーが加わると彼が他社の話をするのでプラスになるという。

トヨタUKの「雇用の安定」に関する考え方は次のようなものである。国際競争力は雇用の安定に基礎を置くものであって、技術革新に基づくものではない。トヨタUKでは、労働生産性はもうすでに限界まで高められており、また労働集約的な工程（自動車製造には労働集約的な工程がかなり多い）ではこれ以上の機械化による生産性の向上は期待できない。むしろ人の心をつかむことにより、モティベーションを維持することの方が重要であると考える。したがって雇用の安定は生産性よりも重要であると考える。「生産性」という言葉を聞くと従業員は「人員合理化」につながると考え、嫌がる。生産性が向上した結果、自分たちの職が無くなるのであれば、従業員は絶対に生産性の向上に協力しないと人事担当者は言う。雇用の安定、製品の質など、生産性よりも重要な要因があり、生産性最優先ではないと彼は説明する。

このような考え方と政策はトヨタの海外の製造拠点にほぼ共通するものと思われる。トヨタに明文化された契約上の雇用保障があるわけではない。しかし、トヨタの従業員の多くは、勤勉に働いて会社の経営目標達成のために必要なことを遂行するようにしていれば、継続的な雇用保障が得られるだろうと考えている。このような雇用保障への信頼は、いくつかの信念によって支えられている。すなわち「トヨタの経営は優れており将来の成功見通しも大きい」との信念、「将来の成功は会社の目標への従業員1人ひとりの努力に左右されるだろう」との信念、そして「市場の下降局面においても、また従業員が会社にとってあまり有用でなくなったときにも会社は従業員を見捨てないだろう」との信念である。[20] こうした信念の根拠となるのは、これまでの経営実績であり、拠点の開設以来、一度も従業員をレイオフしたことがないという事実であり、会社は従業員に対して機会があるごとにこれらの事実を繰り返し説明している。

ここで興味深いことは、現地の従業員は、雇用保障を家父長主義的な温情によって会社から与えられるものだとは解釈していないということである。従業員は彼自身の努力と貢献によって将来の雇用保障を獲得するのであって、それは慈悲深い会社からの贈り物ではない、したがって自分の面倒をトヨタの恩恵に頼る必要はないという風に考えている。つまり、自分たちのコミットメントの結果、トヨタは経営的に成功し、その結果として雇用が確実になるのだと考えているのである。この考え方は、彼らの個人主義的な価値観、つまり個人の人生を決めるのは第一義的には個人の努力奮闘であり、成功のための

(20) 前掲 (16), p. 105.

手段は一生懸命働くことであるとする価値観と合致する。

たとえばトヨタ・ケンタッキーにおいては、このようにしてアメリカ的な個人主義的価値観が雇用保障という日本的な経営慣行と結び付き、その慣行を支える機能を果たしている。同時にこのように考えることによって、アメリカ人従業員は、日本的な家父長主義的イデオロギーとアメリカ的な個人主義的価値観との間の矛盾から生ずる心理的不協和を解消しているのである。さらに興味深いことは、こうした考え方を支えている「今、頑張って働けば、後でより大きな幸せが得られる」という信念は、プロテスタンティズムの倫理の一部でもあり、アメリカの伝統的労働倫理に通じるものでもある。つまり今はつらくても一生懸命に精進すれば、将来、雇用の安定という報償を受け取ることができるという信念である。さらに、雇用保障に関する暗黙の協約への信頼を支えているのは、要員をできるかぎり切り詰めることの合理性を説く論理である。次項ではこれについて述べる。

（2）リーン労働体制

会社の過去の経営実績や将来の成功見通しに加えて、トヨタにおいて雇用の安定に関する従業員の確信を支えているのは、「リーン労働体制」の合理性を説く論理である。労働者を合理的に配置し、要員を最小に切り詰めるリーン労働体制は、不況下でも従業員はレイオフされないだろうとの信頼を論理的に支えるものであるとともに、きつい作業負担を正当化する理屈にもなっている。先に述べたように、トヨタUKでも、会社は「長期的な雇用の安定が会社のプライオリテイであり、レイオフは可能なかぎり行わないし、また実際、拠点設立以来、合理化のための人員削減は1件もない」と説明する。しかし現場の従業員からは、きつい仕事配分や残業時間についての苦情は常に出てくる。そこで会社は、レイオフを避けるためには、最小限の労働配置でやっていく必要があることを繰り返し説明して従業員を説得する。こうした説明の含意は、「会社が不況時と好況時を通じて面倒を見続けることができるだけの従業員しか雇わないから、雇用の維持が可能なのである」ということであり、また「やっていける最小限の従業員を雇用し、好況時には従業員はいつもより少し多く働く。そうすれば不況になっても、会社は多くの余剰人員を抱えこまなくても済む」ということである。

リーン労働体制の論理は、従業員が自分自身の雇用の安定について確信を持つことができる合理的根拠—それが本当にそうであるかどうかは別として少なくとも一見そのように見える—を与えており、従業員にとって強い説得力を持つとベッサーは言う[21]。つまり、雇用の安定はリーン労働体制によってこそ確保されるのであり、雇用の安定はリーン労働体制が要請する現状のきつい労働要請を引き受けてでも獲得する価値があるものだという考え方を、面接された従業員全員が当然のことと受け止めているように見えたという。言い換えれば、従業員たちは、トヨタの善良な意思を単純に信頼するといったようなことではなく、またトヨタに対する情緒的なコミットメントといったようなものからではなく、むしろ彼らの論理的な思考システムにおいて、リーン労働体制の論理は、雇用の安定に対する確信を支える根拠として位置づけられているのである。つまり、彼らなりのコスト・ベネフィット分析（費用便益分析）に基づく合理的判断の結果として、現状の労働要請を引き受けるという行動が選択されているわけである。

また、リーン労働体制には1人ひとりの従業員に彼自身あるいは彼女自身の重要性を認識させるという機能もある。つまり、1人が失敗するとシステム全体に支障が生ずるような最小限の労働力配置で働いていれば、それぞれが大切な役割を持っていると感じるようになる。少なくとも一部の従業員においては、こうした誇りが日々の業務を遂行する上で支えとなっている。

(21) 前掲（16), p.107.

経営者側はレイオフを極力避けるという姿勢を前面に押し出すことによって、従業員の会社に対する評価を高め、従業員との信頼関係を築き、リーン労働体制について従業員の理解を得、管理のコストを最小化することができると考える。

【2】性善説的アプローチと丁寧な採用選抜

リーン生産方式の基盤となる経営者と従業員の間の信頼関係を支えるのはチーム・メンバー構成の相対的継続性、長期的な互酬性の規範、ワークチームを単位とする作業配分、チームに与えられる一定の裁量権と責任、そして経営者の性善説的な政策である。さらにこの性善説的な経営政策は、会社による従業員の念入りな採用選抜と教育訓練によって実現可能になる。トヨタＵＫとトヨタ・ケンタッキーを例にとってみる。

リーン生産方式の実施にあたって、トヨタは基本的に「従業員の中には、無能な人はいない。もし問題のある従業員がいる場合には、問題を指摘し、指導して訓練すれば問題を解決できる」という前提に立っていることを従業員に示している。この考え方は先に述べた「雇用の安定を重視し、レイオフを極力避ける」という政策と裏表の関係にある。性善説に基礎を置くこの政策の実現を可能にするために、トヨタはまず念入りな採用選択を行い、質の高い、トヨタのシステムに適合する人材を雇う努力をする。トヨタがその地域で最良の人材を選抜して雇うことを可能にしているのは、雇用の安定の魅力、さらには、良い賃金やフリンジ給付、さらには、トヨタの職に比肩する仕事を地元の労働市場で捜すことが難しいという地元の雇用事情である。

たとえば、トヨタ・ケンタッキーでの採用選抜について、１９８９年当時の地方新聞の記事によれば、トヨタの採用募集に応募した人々のうち、雇用されたのはわずか4・4%であったという[22]。日系企業の経営者の間では、アメリカの労働者について、しばしば次のようなことが言われている。「日本の労働者は全般的に平均してある程度の能力がある。しかし、アメリカの労働者においては、能力の高い人と低い人の差が大きい。能力の低い人はもうどうしようもなく能力が低い」。トヨタが丁寧な選抜によって良質な人材だけを雇うことができれば、その後の労働力にかかわるリスクをかなり低減することができるわけである。このことは、能力の低い人を雇うリスクが日本のおけるよりも高いアメリカにおいて、よりいっそう重要な意味を持つ。

採用した従業員に対しては、チームワークの考え方への導入教育を行う。トヨタは、チームとしての成果を重視する政策をとり、個人の努力よりもチームとしての努力の方が目標達成において重要であると教育している。こうした導入教育と実地の経験を経ると多くの従業員がこうした考え方に対して肯定的になり、チームワークの概念を支持するようになるという。

トヨタの組織経営における性善説的アプローチは、従来の日本企業の経営においては一般的なものであった。伝統的日本型経営の諸制度は、性善説を前提として構築されていた。これは19世紀後半から20世紀初頭にかけて近代的な産業の発展を主導した企業家や経営者が、当時日本で支配的であった儒教的世界観の影響を受けていたことと深く関連している。権力の座にある儒教主義者たちは、徳川時代の武家官僚であれ、明治期の企業家であれ、その部下を、西洋人ほどには、鞭と人参とで動くロバのような存在だとは思っていなかった。彼らは、むしろ、人間は道徳的な訴えかけに反応するものだと考える傾向があった。このため、忠誠心を呼び起こすには、相手に対して善意を施すことが効果的であり、責任感を喚起するには相手を信頼することが効果的だと信じていた[23]。

(22) 前掲(16), p. 36.
(23) Dore, R.(1973)*British Factory—Japanese Factory: The Origins of National Diversity in Industrial Relations*, Berkeley, CA: Univ. of California Press, pp. 401-402.

日本的経営の基礎にあるこうした「性善説」、またトヨタにおける組織管理政策の根底にある「性善説」は、アメリカの心理学者であるダグラス・マグレガーが提示したY理論の概念に近い。一般的に、経営に関する決定と行動の背後には、人間行動の動機づけに関する概念と、そうした概念の前提となる人間の本質に関する基本的な考え方が存在する。マグレガーは、労務管理の政策と慣行の背後にある人間の本質に関する概念と前提を、「X理論」と「Y理論」という2つの対照的な理念型に分類した[24]。

X理論とは、米国の企業において広範に信奉されている理論であり、多くの米国企業において経営の政策と慣行を実質的に支配している理論である。すなわちX理論においては、労働者は生得的に怠慢で働くことを好まず、したがって物質的報酬と懲罰によってのみ彼らを制御することが可能であるということが前提となっている。また労働者はできるかぎり責任を回避しようとし、安定を求めて野心を抱かず、したがって経営者が決定し、労働者は強制されて命令に従うという分業の構造によってのみ組織の目標を達成することができるという考え方である。

これに対しY理論は以下のように要約される。仕事は条件次第で自己実現と自我の満足の源泉にもなり得るし、また苦痛にもなり得る。外的な支配や懲罰によらなくても、人間は自制心をもって自発的に仕事にあたることができる。また適正な条件のもとでは、人間は単に責任を受容するだけでなく、自ら積極的に責任を求めることを学ぶものである。責任の回避、野心の欠如、過剰な安定志向といった傾向は、一般的に人間の生得的な特質ではなく、むしろ現実社会での体験の結果生じたものである。

組織の目標と個人の目標の合致がY理論の基本的前提である。しかし現実には組織の要請と個人の目標が完全に一致することはきわめて稀である。しかしながら「個人が組織の成功のために努力することによって自らの目標を最も良く（最も良くというのは、無関心、無責任、不従順、敵意、サボタージュ

（24）McGregor, D.（1966）*The Human Side of Enterprise*, New York: McGraw Hill, Inc. X 理論に関しては pp. 33-44、Y 理論に関しては pp. 45-57 参照。（高橋達男訳『企業の人間的側面』産業能率短期大学出版会、1966 年）

など彼が代わりにとることのできる他の方法と比較してという意味）達成できる程度にまで両者を一致させることが重要である」とマグレガーは主張する[25]。

マグレガーの理論は、トヨタにおける性善説的アプローチに根拠を与えるものであるが、一方で、念入りな選抜と十分な教育訓練を行っても、チームにおいては、非協力的なメンバー、怠けるメンバーの出現する可能性を排除できないことは、トヨタの経営者もよく認識している。こうしたメンバーの存在は、チーム内に感情対立を発生させる原因となりかねない。チームという言葉の中に含意されている互酬性規範、あるいは柔軟なギブ・アンド・テイクへの協力を拒否するメンバーが1人でも現れるとワークチームの存続は危うくなる。チーム・メンバーの貢献が不均等になると全体の士気にネガティブな影響を与える。会社はこの危険をよく認識しており、メンバーに対し彼らがこの問題にどのように対処すべきかを説明している。

導入教育やその他の教育訓練の機会を通じて、従業員は、チームワークには努力が必要なこと、そして問題は起こり得ることをあらかじめ教えられる。さらに従業員は、チームに適応しようとしないメンバーに直面した場合の問題解決の技法についても指導を受けている。メンバーの1人が失敗しても、非難したり、叱責するのではなく、何が問題なのか、なぜ失敗したのか、失敗を防ぐ対策としてどういったことが考えられるか、を探求するように指導されている。つまり、問題のある本人に問題があることを告げ、問題の所在を確認し、一緒に問題解決の方法を見出す。チーム・メンバーはこうした問題を自分たちだけで責任追及的なやり方で処理するのではなく、お互いにオープンな形で対処することを求められる。

チーム・メンバー間では賃金は平等である。したがって、チームの中に自分の半分しか仕事をしない

(25) 前掲 (16), p. 55.

人がいた場合、通常多くの人は、「自分は彼の2倍も働いているのに、どうして同じ賃金なのか」と考えるであろう。しかし、トヨタのチーム・メンバーは、このようには考えないで、一緒に問題を解決することを考えるように教えられる。自分が問題を抱えたときに他のメンバーが一緒に問題を解決してくれた経験を持つとこうした方法の信奉者になっていくという。こうした日々のコミュニケーションと問題解決における相互協力の積み重ねにより、チームワークと性善説的アプローチは浸透していく。

注意深い選抜、念入りな導入教育を行い、チームの規範をうまく使って説得に努めても、それでも問題のメンバーが非協力的で指示に従わない場合、会社は問題従業員に対する矯正措置によって対処せざるを得ないこともある。ときには問題従業員の解雇に至ることもある。

【3】チーム同士、チーム–対–経営の敵対関係の発生を防ぐ

ワークチームが機能するためには、メンバー間の協力関係とその基盤となる信頼関係は重要であり、さらにはメンバー間の結束、あるいはチームへの帰属意識や忠誠心もプラスに作用することが多い。しかし、本書第4章の社会関係資本の説明において述べたように、集団の結束は、自らが所属する集団（内集団）への強い忠誠心を作り出すと同時に外部の集団（外集団）への敵意を生み出す可能性があり、マイナスの外部効果を生じさせることもある。集団内の人間関係を親密化させる政策は、外部に対する排他的な態度を醸成することがあり得る。

ワークチームの協力関係は重要であるが、その団結が外集団に対して、あるいは経営者や会社に対して敵対するようになっては、組織全体の統合が危うくなる。理論的には、ワークチームが組織の目標達成の障碍となる潜在的な可能性は存在する。チーム内の、あるいはグループ（チームの上にある組織）

内の人間関係を親密化させる政策は、集団内部の結束を強化し、外部に対して排他的な態度を醸成することがあり得る。すなわち、チーム間、グループ間、あるいは、部門間で、対抗意識や敵対的な感情が生じることがある。あるいはチーム・メンバー全体がまとまって会社あるいは経営者と対立するという構図に発展する可能性もある。これは労使が敵対的な関係にある組織においてはむしろ一般的な現象である。チーム間、あるいはグループ間で敵対的な関係が生ずると、組織の目標達成の障碍となる可能性は大きいので、トヨタではこうした敵対的関係が発展しないような政策を実施している。

(1) 少人数チーム

トヨタUKでは1つのチームは5人のチーム・メンバーと1人のチーム・リーダーの計6人より成る。トヨタ・ケンタッキーでは1つのチームは4~5人のチーム・メンバーと1人のチーム・リーダー、計5~6人より成る。20人とか30人の労働者に対して1人の監督といった比率で人員配置している工場も多い中で、トヨタのチームは少人数体制を維持している。チーム・メンバーの数に対するチーム・リーダーの比率が高いことは、チーム・メンバーの昇進の可能性を高めることになる。会社の基準に照らして仕事ぶりが良いと評価されるチーム・メンバーが昇進という直接的で具体的な報償によって報われる可能性は相対的に高くなる。たとえば、規定時刻より早く出勤する、品質に絶えず目を配る、改善アイデアを出して貢献するといった行動は、プラスに評価される。チーム・リーダー1人当たりのチーム・メンバーの数が少ないことが、ていねいで押し付けがましくない目配りと統制を可能にし、結果的に労働力のムダを省き、功績のあるメンバーへの報償機会を高めている。

(2) カンパニー・チームの概念

トヨタでは、「カンパニー・チーム」という概念を重視しており、チーム・メンバーのワークチームに対する忠誠を、より大きな協働単位である「カンパニー・チーム」の文脈の中に位置づけるように促している。ワークチームの考え方だけでは、組織の統合と組織目標の達成には不十分であり、カンパニー・チームという概念は、ワークチームの目標と規範が会社の経営哲学と乖離して、労働者たちが反経営的な行動や態度をとる可能性が生ずることを防ぐ上で役立つ。

(3) 仕事に変化をもたらすジョブ・ローテーション

トヨタ・ケンタッキーのジョブ・ローテーションの制度においては、各チームに4～5つの職務（作業工程）が配分されており、1日は4つの作業時間に分かれているので、それぞれが作業時間ごとに異なる職務を担当することになる。チーム・メンバーは多様な技能を身につけ、いくつかの職務を学ぶことができるし、またそれを要求される。これによってチーム・メンバーは生産工程のより広い範囲を把握し、そこでの自分の役割を認識する。つまり、さもなければ意義を理解しにくい自分の作業を、全生産工程に対する貢献として位置づけることができる。生産労働の大部分が狭い範囲の反復作業であり、仕事内容は本来的に退屈で単調であることが多いが、ローテーションはこうした仕事内容に変化をもたらす。こうした変化は仕事の単調さと退屈から、労働者が組織目標に反するような敵対的な行動をとるリスクを軽減する。

ジョブ・ローテーションにはこのようなメリットに加えて、次項（3［4］（3））、およびその次項（3［5］（2））で述べるような他のメリットもある。トヨタ・ケンタッキーでは原則としてジョブ・

ローテーションは行うべきものとされており、導入教育においても従業員はそのように教えられているが、実際には様々な事情のため、ローテーションを実施しているチームもあれば、実施していないチームもあると報告されている。著者が訪問したトヨタの他の工場についてはジョブ・ローテーションを実施しているところもあれば実施していないところもあった。

【4】インセンティブ

(1) 相対的な待遇の良さと昇進可能性

トヨタが提供する給与（performance awardと呼ばれる年2回のボーナスを含む）やフリンジ給付は、地域での水準を上回っており、チーム・メンバーの多くは以前の仕事と比べて現在のトヨタでの労働条件は良いと考えている。ただし専門職と管理職の人々の中には、チーム・メンバーと比較すると、給与面においても仕事内容においてもより有利な前職から移ってきた人も多く、そうした人々は現在会社が要請する仕事へのコミットメントを肯定的に捉えていない。しかし全般的に、雇用の安定も含めた待遇は相対的に見てよいと考える人が多い。

アメリカやイギリスのトヨタの拠点で、暗黙のうちに約束されていると従業員が信じる雇用の安定について、彼らは他にもっと魅力的な仕事機会があればトヨタにとどまることを義務づけるものではないと考えている。トヨタは従業員に対して約束履行の義務はあるが、従業員にはトヨタにとどまり続ける義務はないと彼らは考えているのである。長く終身雇用が一般的であった日本では労働市場の流動性が低く転職が難しいという裏面の現実があるが、アメリカではこの状況は存在しない。安定雇用という日本型経営の特徴がアメリカ人労働者にとって魅力的なものであることは明らかであるが、これは転職への高い障壁という終身雇用の裏側にある現実にアメリカ人労働者が直面していないこと、したがっていわば「良いとこ取り」ができることにも大いに起因している。

チーム・メンバーにとっては、チーム・リーダーへの昇進は大きなインセンティブである。チーム・リーダーの仕事は、チーム・メンバーの仕事よりも知的内容が多く、変化に富み、威信を提供するものである。チーム・メンバーのモティベーションの維持は、ワークチーム体制の実現にとって決定的な意味を持つ。トヨタの工場においては、チーム・メンバーの数に対するチーム・リーダーの比率が高く、このことは、チーム・メンバーのチーム・リーダーへの昇進可能性、さらにはグループ・リーダーへの昇進可能性を高めることになる。こうしたチームの体制によってもたらされる比較的大きな昇進可能性は、重要なインセンティブとなっている。

(2) 小さい階層間格差

伝統的な日本型経営の特徴の1つは、企業内の階層による格差が小さいことである。こうした平等主義は、第6章でも述べるように、上級職や管理職の動機づけにおいては大きな問題となる。しかし階層間の給与格差を小さくし、階層を越えた昇進を行うという「日本的平等主義」、さらに経営者自らが現場に入って従業員に接触するという「日本的人間主義」は、現場の労働者の社会的欲求や自尊心を満足し、彼らの帰属意識や職場に対する誇りを高める上で役立ってきた。

現在、日本企業の経営に関する考え方は多様化しており、アメリカ型のシステムを積極的に取り入れようとする企業もあれば、伝統的な日本型経営の基本的な考え方を維持していこうとする企業もある。トヨタは後者の立場をとっており、ここ数十年来、人事管理や系列関係に関する政策に大きな変化は見られない。こうしたトヨタの基本的姿勢は、海外の生産拠点における組織管理においても生かされている。たとえば著者が調査したトヨタUKの人事政策は次のようなものである。

まず第1にトヨタUKでは、給与の支払い形式やフリンジ給付の制度は全社員に対して同一である。社員全員に対して年俸制が適用され、支払いは毎月、月末に行われる。また年金、健康保険などのフリンジ給付についても全員に同じ制度が適用される。会社の人事管理の概念の中心には「公正な評価と処遇」（fair evaluation and treatment）および「地位の同等」という2つの原則が置かれている。様々な会社施設の日常的な使用についても、すべての社員を「平等」に扱うことが原則になっている。オフィスは大部屋方式で、会長も社長も大部屋で仕事をする。プライバシーが必要なときは、会議室を予約する。全員に同じ制服が支給され、全員が同じ社員食堂を使う。駐車場も誰がどこに止めるかという場所の指定は無く、それぞれがその日に空いているところに止める。

人事担当者によれば、経営者は「われわれ」対「彼ら」という対立構図を極力避けるように心掛けなければならず、このような「平等主義」を「ノーブレス・オブリージュ（noblesse oblige）」（高い身分に伴う道徳的義務）の意識をもって受け入れることを期待されているという。当然職位に応じた給与水準が設定されており、管理職の給料はショップ・メンバーの初任給の約4倍（本社派遣社員の場合は約6倍）である。しかしそうした差異をなるべく意識させないように工夫することによって労働者の士気を維持している。

要約すると、「公正な評価と処遇」と「地位の同等」という2つの原則に基づく制度面での平等は、ブルーカラーに対する実質的な処遇の改善をもたらしており、彼らの会社に対する肯定的な評価に結び付いている。

（3）多様な技能の習得

前の項では、ジョブ・ローテーションの仕組みについて説明し、そのメリットについても述べたが、この制度のもう1つメリットは、チーム・メンバーが複数の職務を学ぶことができ、多様な技能を身につけることができるということである。新たな技能の習得により、それぞれのメンバーは持ち運び可能な能力を身につけ、自らの雇用可能性（employability）を広げることになる。

【5】自動操作状態をモニターする

（1）自動操作状態とは

トヨタにおける自動車製造現場の職務の大半は「標準作業」と呼ばれる範疇に入る。1つの職務を構成するすべての動作、工具、位置、材料を厳格に記述された時間の流れに沿って詳細に特定する。これはテーラーによって編み出された科学的管理における基本的概念でもあり、アメリカ企業の製造工場においても広く用いられている方式である。品質水準を確保しつつ、一定のペースで規格化された製品を効率的に生産するためには、作業の標準化は不可欠である。さらに標準作業には、別の面でもメリットがある。同じ作業を繰り返し行うことで、労働者はその作業に熟達していく。労働者は、熟達するにつれて、何も考えないでその作業を行うことができるようになる。労働者はより容易に作業を行うことができるようになり、作業にリズムが生まれ、ミスを減少させる。これは「自動操作状態」と呼ばれる状態である。

「自動操作状態」とは飛行機などの機器が自動式（automatic）の装置で動いている状態を指す言葉であるが、人間が特定の作業や行動に慣れていて無意識に体が動き、反射的、機械的にそうした作業や行動を行うようになる状態を指す言葉としても使われる。つまり、自動車や自転車の運転、パソコンの入力作業など、私たちが繰り返し行い、十分に熟達してしまえば、もう何も考えなくても自動的にそうした作業を行うことができるようになる。つまり、肉体的にこの作業をどのように処理すべきかを考える必要はなく、その作業を行いながら頭の中では別のことを考えることができる。これは自動操作状態の大きな利点である。自動操作状態にはもちろんリスクもある。予期せぬ事態に対応できるだけの注意力を欠くことになる、行動が習慣化しているために変化への対応に努力を要するようになる、といったことである。

工場労働の職務に内在する反復性と単調さに対処しながら、質の高い製品の製造を可能にするのがこの自動操作状態であるといわれる。これは自動車工場に限らず、製造工場では一般的な行動の形態である。つまり、仕事に慣れた人は、意識を自覚的に用いることなく、自動的に体を動かして一定のペースで仕事を行う。そして多くの場合、頭では別のことを考えているのである。たとえば今晩の夕食は何にしようかとか、今度の週末にはどこへ行こうか、といったことを考えるかもしれない。

(2) 自動操作状態の行き過ぎを制御する

特定の作業に十分に熟達して自動操作状態が可能になれば、労働者は一定のペースでより容易に作業を行うことができるようになり、ミスは減少する。自動操作状態は、集中力の欠如が引き起こす製品の欠陥、作業者の怪我、設備の損傷などの発生確率を低減するといわれる。また仕事の単調さと退屈から、労働者が組織目標に反するような敵対的な行動をとることも珍しくないが、自動操作状態の適切なモニタリングによって、こうした行動の発生確率を低減させることができる。

トヨタは、自動操作状態を伴う身体的熟達をチーム・メンバーが達成することを望むと同時に、仕事への精神集中をも求める。この2つは相矛盾する要請である。したがってトヨタでは、自動操作状態の利点を受け入れながら、自動操作状態が行き過ぎて怪我や設備の破損を引き起こさないように、また組織目標を害するような行動につながらないように、自動操作状態をちょうど適当な範囲にとどめておく必要がある。労働者が何も考えずに作業できるようにするという目標と注意力を維持するという2つの目標のバランスをとるためには、チームのモニター機能や制裁機能をうまく使うことが重要になる。さらに、次に述べるような具体的なプログラムや工夫、すなわちジョブ・ローテーションと職務拡大プログラム、安全プログラム、昇進プログラムなどは、自動操作状態の行き過ぎによって怪我や設備の破損が発生するのを防ぎ、退屈による士気の低下を防ぐ上で役立っていると考えられる。

トヨタでのジョブ・ローテーションについては先にも述べたが、このシステムにより職務内容が拡大され、仕事に変化がもたらされ、自動操作状態が行き過ぎるのを防ぐことができる。このシステムでは、労働者が複数の職務を習熟するのにより多くの時間が必要になるが、これによって得られる注意力と士気の向上はそのコストを補って余りあるものと考えられる。

さらに、ローテーションは作業によって生ずる障害の予防に役立つ。ローテーションにより、反復動作障害を起こす可能性のある職務を複数のメンバーの間で異動することができるので、障害が発生する可能性を低減することができる。また担当職務の変化により、不注意より生ずる障害の発生確率を低下させることができる。またメンバー全員が同じ職務群を共有しているという事実が、親近感を醸成し、仲間意識を育て、チームの規範が機能する度合いを高めることになる。

「安全プログラム」は、安全に関する注意を喚起するための様々な工夫より成る。安全プログラムは、同じ動作を繰り返す作業に従事しながらも、労働者が注意力を維持することを促すために役立つと考えられている。同一作業の反復に随伴する注意散漫を防ぐために、現場では安全に関する注意を喚起するための種々の取り組みがなされている。毎日安全についての短いミーティングを開いてメンバーに積極的参加を求めたり、安全に関する標語やポスターのコンテストを行ったり、通常の定期ミーティングで安全問題を頻繁に取り上げたり、作業上の危険、安全の重要性を絶えず思い起こさせる様々な手だてによって、チーム・メンバーが安全問題にいっそう注意を向けるように促している。

また、従業員の多くは同僚との会話によって退屈をまぎらわしている。これはもちろん会社が推奨する退屈への対処法ではないが、チーム・メンバーが部品を取りに行ったりする機会に別のメンバーと会話を交わすことができるような仕事環境であることは、退屈による士気の低下を防ぐ上で大いにプラスになっている。チーム・メンバーは単調な反復作業に従事しながら、何も考えずに身体を動かし頭は他のことを考えたり、同僚とおしゃべりしたり、現在の仕事はライン作業から昇進できるようになるために必要な投資なのだと考えて自分を納得させたり、様々な方法で対処する。

自動車製造工場など、標準作業により規格化された製品を大量に生産する現場では、仕事の単調さと退屈から、労働者が組織目標に反するような敵対的な行動をとることは少なくない。多くの文献において、アメリカの自動車工場で仕事に退屈した労働者が、生産量を抑えるために考え出した巧妙で創意に富む様々なシステムが報告されている。GMの自動車製造の現場で労働者が仕事を始める前、あるいは昼食時間にアルコール類を飲んだり、マリファナを吸ったり、また1人の労働者が2人分の仕事をこなす間、もう1人は外出し、しかも2人とも出勤が記録されるといった逸脱行動がかなり広範に行われていたことが報告されている。(26) しかしながら、トヨタ・ケンタッキーで調査を行ったベッサーは、調査対

(26) Hamper, B. (1991) *Rivethead: Tales from the Assembly Line*, New York: Warner Books.

象者の中には会社に対して敵対的と解釈できるような行動をとるチーム・メンバーはいなかったと報告している。[27] 清掃作業、グループ討論、会社やチームの親睦活動、QCサークルなどに参加しない、といった「態度の悪い」メンバーについて語った者はいたが、それ以上の積極的な敵対的行動は見られなかったという。

以上述べたように、標準作業を行う製造の現場では、自動操作状態をある程度までは促進しながら、その度が過ぎないようにバランスをとることによって労働の生産性と質を維持することができる。言い換えれば、自動操作状態を適切にコントロールできれば、労働者が敵対的になり意識的に組織目標に反するような行動をとるといった極端な場合を除いて、労働者に必ずしも強い熱意や高度のコミットメントがなくても高品質の製品の製造が可能だということである。

【6】共同体志向、家族主義的配慮、信頼関係

(1) 欧米における家族主義的経営の試み

会社を1つの大きな家族と見なすアプローチは、日本企業の専売特許ではない。20世紀初めにテーラーの科学的管理法が自動車工場に導入されたとき、冷徹で官僚的な労働者の扱い方などの特徴の多くは、アメリカ人にはしっくり来ず、導入にはかなりの抵抗があった。しかし、20世紀初頭のデトロイトの労働市場から、地元の人間ではなく、オーストリア・ハンガリー、イタリア、ロシアその他の東欧諸国からの移民を雇用することができたということが、当時の自動車産業で科学的管理による大量生産が成功した理由の1つであるといわれる。つまり成功は、デトロイトという都市の特殊条件に負うところが大きいということである。

(27) 前掲 (16), p. 144.

フォードを初めとする大量生産体制を備えた新しい企業は、自社の従業員を大きな家族集団の一部としてではなく、官僚的な一連の規則によって管理し規律すべき「よそ者」として扱うことができた。しかしヘンリー・フォードは同時に、テーラー主義とは結びつかない家族主義的な慣行も実施した。「日給5ドル」の制度（これにより賃金は2倍にアップした）、従業員の福祉を担当する「社会部」の設置、住居のスラム化を防ぐための転居奨励策、英語教育学校の設置などである。つまり、当時のフォードの工場においても、テーラー主義の理論が純粋な形で実施されたわけではなく、多くの家族主義的な慣行と共存していたわけである。

しかしその後アメリカの自動車産業は大恐慌に突入し、大量の解雇と労使の激しい衝突を経て労使関係は悪化していった。第二次大戦後には、敵対的でルール依存的な、つまり労働協約などに基づく司法的な苦情処理手続きに依存する労使関係のパターンは定着していた。さらに労働者の代表として正式に承認された労働組合が、「職務記述」によって厳密に定義された各職務について、賃金や労働条件などを経営者と交渉する「職務規制組合主義（job control unionism）」が企業から企業へと広がっていった。[28]

イギリスにおいても、19世紀以来、労働市場における市場原理の支配が優勢になっていく中で、厳密な市場原理には背馳するような、家族主義的かつ組織志向的な概念をもって自らの企業を運営した経営者も少数ながら存在した。熟練労働者不足が深刻だった時期もあったし、労働力の不安定と信頼不可能に悩む経営者は多かった。当時の「進歩的経営者」の中には、このような問題に対して、日本における儒教的なイデオロギーに基づく家族主義的経営に類似した制度を試みた者もいた。彼らは、伝統的な父親的温情主義（パターナリズム、つまり父親が子供の面倒を見るように雇用主が労働者の面倒を見ると

(28) 田中和雄（2013）「アメリカにおける「人的資源管理」の展開と労使関係―1980年代以降における両者の関係の特徴との関連で」『商学研究所報』第44巻6号、1-24頁；前掲（6）、大野。

いう概念)、あるいは博愛主義の考え方に基づいて、労働者の面倒を見、その家族が困窮すると、個人的な思いやりで世話をし、子供たちのために学校を建て、労働者が住むコミュニティのために病院や教会を作ったりした。19世紀半ばにタイタス・ソールト卿が自分の毛織物工場で働く労働者のために建造したモデル村である「ソルテア」、ジェイムス・レバー/ウィリアム・レバー兄弟が1888年に自らの石鹸製造会社(現在のユニリーバ)で働く労働者のために作った「ポート・サンライト村」などがこうした試みの例としてあげられる[29]。

先駆的な家族主義的経営を試みた企業の中には、ユニリーバのように現在に至るまで存続しているものもある。しかし、ほとんどの企業は挫折したり、消滅したりしている。イギリスでは、家族主義的経営者はあくまでも少数派であり、また先駆的な家族主義的経営の多くは挫折したり、当初の意味や意図を失っていったりしたため、イギリスの雇用制度全体の性格を変えるような影響力を持つには至らなかった。これに対し、日本では、多くの大企業において家族主義的経営が一般的となり、制度全体が組織志向的な特性を持つようになったのである。

(2) 日系企業の立地と地域の歴史的・経済的背景

こうしてアメリカやイギリスの歴史を振り返ってみると、個人主義と市場主義の本場と思われているこれらの国々の企業経営においても家族主義的な概念は存在したことが明らかになる。アメリカ社会には人々をばらばらにする個人主義的な傾向と並んで、団体を組織することを好み、共同社会的な団結を志向する傾向がある。特定の環境に共同体的な雰囲気がどの程度存在するかは、様々な要因に影響されるが、重要な要因の1つがそれぞれの地域の歴史的、経済的背景であろう。

(29) 渡辺聰子(2006)「英国の工場—遺産の功罪と新しい雇用制度」『社会学論集』30号、1-26頁;Styles, J.(1990) *Titus Salt and Saltaire: Industry and Virtue*, Saltaire, England: Salt Estates.

ホンダのオハイオ州メアリーズビル工場やトヨタのケンタッキー工場の例に見られるように、日系企業はアメリカに工場を建設するとき、労働組合や過激な組合主義のない南部あるいは中西部の田舎を選ぶことが多い。こうした地域では比較的安定した均質的な共同体が多く、伝統的な共同体志向とプロテスタンティズムが多少なりとも息づいており、20世紀初頭のアメリカの小都市の精神的な雰囲気を幾分か残している。こうした地域においては、共同体志向と個人主義がバランスするような風土が形成されており、会社を家族と見なし、雇用の安定とチーム志向を重視する日系企業のアプローチがさほどの違和感もなく受け入れられたと考えられる。

アメリカの自動車製造においては科学的管理による工場運営、そしてそれに付随する職務統制的組合主義は、過去40年間に次第に衰退し、日本から輸入されたチーム志向の職場組織に取って代わられた。日本のリーン生産方式、あるいはその修正版を用いた経営は、このようにしてアメリカの自動車産業においても適用されている。リーン生産方式のもとでは、労働者へのプレッシャーは増大すると考えられるが、しかし、この方式とその基礎にある概念は、面接や聞き取り調査からも明らかになったように、多くの従業員に受け入れられている。またリーン生産方式のもとで働く労働者の多くは過激な労働組合運動を支持していない。彼らの多くは、これまで全米自動車労働組合（ＵＡＷ）による組合化の動きに激しく抵抗してきた。

１９９２年に操業開始したトヨタＵＫの車両工場もイギリス中部ダービーシャー州バーナストンの田園地帯の真ん中に位置し、米国の工場とほぼ同じリーン生産方式で運営されている。ここでも日本的アプローチは従業員に受け入れられているようである。つまり、従来きわめて「個人主義的」といわれているイギリス人従業員の間においてさえも、帰属意識とか会社に対する誇りとかを若干なりとも醸成する効果をもたらしているようである。従業員は、社名入りの制服（作業着）を着て夜、会社近くのパブに行くという。会社に対して何らかのアイデンティや誇りを感じていなければこういう行動をとることはないであろう。

（3）包括的な第一次集団を形成するための政策

①同僚間の仲間意識

ワークチーム制度は、確かに第一次集団の形成を促し、職場の内外で相互に暖かい心遣いをし合う社会集団が形成される基盤を提供しているようである。トヨタは、職場でのこうした共同体の形成を奨励し、チームとグループが親睦活動に利用できる資金を提供するなどしてこれを支えている。チームが少人数であること、チームメンバーの構成がかなり継続的であることは、共同体の形成に肯定的な意味を持つ。また先に述べたように、ジョブ・ローテーションもチームの結束にプラスの効果をもたらす。つまりメンバー全員が同じ職務群を共有しているという事実が、メンバー間の親近感や仲間意識を育てる。

トヨタUKにおいてもトヨタ・ケンタッキーにおいても、仕事時間外の付き合いについては、チームやグループ内の人々と仕事以外の場で親しくなれる機会を楽しみにするメンバーもいれば、一方仕事中のチームでの交流を歓迎しながらも自由な時間にまで会社が交流を押し付けることを好まないメンバーもいる。しかし、ワークチーム制度は、メンバーが親しい個人的関係を築く機会を与えていることは確かで、多くのメンバーはメンバー間の個人的な社会関係を有益なものと考えている。さらに会社が特に気を配っているのは、次にあげる「官僚的な制度の柔軟な運用」ということである。

②柔軟な制度の運用

官僚的な規則や制度を柔軟に運用するということは特に珍しいことではないが、トヨタは、従業員の信頼を得るための政策の1つとして、個々の従業員の利益になるように規則を柔軟に運用する、あるいは規則を曲げるということを積極的に行っている。ベッサーは、官僚的柔軟性を例証するいくつかの事例を紹介している。[30] 事例の1つは、次のようなものである。チーム・リーダーの空きポストがグループ内に発生したとき、チーム・リーダーへの昇進を強く望んでいたチーム・メンバー2名は昇進前講習を終了していたが最終試験にはまだ合格していなかった。グループ・リーダーと人事担当者は、すでに資格を保有している者の中からチーム・リーダーを選ぶのではなく、この2名が試験を終えるまで選任の手続きを待つという決定をした。また別の事例では、日本への教育訓練に派遣されたチーム・リーダーが訓練終了後、妻と落ち合って2週間の休暇をとってそのまま日本に滞在したいと希望した。帰りの飛行機の日程は決まっていたので、彼の日程だけを変更するなど会社は多少の便宜を図る必要があったが、彼の希望を実現した。また飲酒癖に悩むチーム・メンバーがおり、出勤と成績に関する規則を何度も破っていた。グループ・リーダーと人事担当者は、断酒会に加入し、カウンセラーの援助を受けるように彼に指示し、彼と一緒に努力し、彼が更正するのを助けた。あるいは仕事で障害を負ったチーム・メンバーに対し、会社は彼を辞めさせることはせず、別の仕事に移し継続して雇用した。

こうした事例は数多いが、こうした事例の蓄積により、「会社のやることは道理に合っている」という従業員の経営に対する信頼が生まれる。さらにはこうした信頼から、会社に対するより大きな信頼が生まれる。つまり、会社は、もしわかっていれば、見落とし、間違い、不公正を是正するに違いない、と考えるようになる。言い換えれば、トヨタの従業員に対するこうした対応は、次のような暗黙の互酬

(30) 前掲 (16), p. 102-103.

関係に対する会社側の期待によって支えられている。つまり、会社が道理にかなった柔軟なやり方で従業員を扱っていれば、会社が間違いをしてもそれは、「会社がそれを知れば直ちに是正するような悪意のないミスに違いない」と好意的に見ることによって返礼するだろう、ということである。柔軟な制度運用には、ネガティブな側面もある。ある人にとっては柔軟な制度の運用と見られることが、別の人にとっては往々にしてえこひいきや気紛れと見られる。規則を柔軟に運用する権限を持つ者は、システムを個々人のニーズに合わせて人間的に運用するためにその権限を使うこともできるが、個人的な目的や自分の友人に利益を与えるためにそれを行使することもできる。したがって管理職が有する例外についての決定権が濫用されないことが、信頼関係の維持にとってきわめて重要である。

このためトヨタでは、管理職たちの情実を排し、恣意的決定をチェックするため、人事部から送られた担当者がこれらの決定のほとんどに関与する。人事部員を関与させる政策は、たとえその権限は限定的なものであったとしても、会社が規則を破るのはそれが会社全体の利益に合致している場合だけであるという印象を従業員に与えるのに役立っていると考えられる。制度の柔軟な運用によって従業員の便宜を図るという配慮は多くの企業でなされているが、トヨタはこうした配慮に特に力を入れており、またそうした配慮が恣意的にものにならないように注意深くチェックしており、これが共同体的な雰囲気の形成に貢献していると考えられる。

4 リーン生産方式の普遍的適用可能性

リーン生産方式は日本国内ではもちろんのことであるが、トヨタの海外拠点でも広く実施され、概して成功を収めている。こうした成功はアメリカで様々な議論を呼んできた。特にウォマックらのMIT国際自動車プログラムの研究グループは、この方式を大きく扱い、国際的な調査研究を実施した。彼らの研究は、リーン方式を1つの普遍的な生産方式としてベンチマークすることが可能であり、そうすることによってどこの国へでも移転することが可能であることを前提としている。彼らは、日本が集団主義でアメリカが個人主義であるなど、両者に大きな違いがあるにもかかわらず、日米間の文化の国境を越えてリーン生産方式が比較的容易に輸出されたことから、リーン生産方式は文化に制約されないと主張した[31]。

MITグループのこうした考え方に対して、リーン生産方式の他国への移転は難しいという見方も少なくない。アメリカの社会学者、ロバート・コールは、日本の経営者の第一次集団に浸透し、動員する組織能力は文化と不可分の特質であり、他国には適用できないと主張した。すなわち、日本の経営者は、第一次集団に深く入り込んで組織目標のためにこれを動員する点で、実に有能であるが、これはその成功が独特の文化的行動様式に最も強く依存している領域であり、その行動様式は他の国民には容易に吸収できないものであると彼は言う[32]。組織の目標達成に第一次集団を活用する日本組織の能力について、コールは、具体的には、それは雇用を提供する組織に対する日本人労働者の構造的、文化的、心理的な、並外れた依存からもたらされると論ずる[33]。

またフクヤマは、MITグループの考え方に対して以下のように反論している。すなわち、MITグループの主張は、日本は集団主義の典型、アメリカは個人主義の典型であるなど、両者は文化的に両極にあるという前提にのっとっている。この前提は多くの研究者に共有されているが、実際にはアメリカはそれほど明確に個人主義的であるとはいえないとフクヤマは言う[34]。アメリカで発明され、世界に輸出

(31) 前掲（11）, Womack, et. al.
(32) Cole, R. E.（1979）*Work, Mobility and Participation: Comparative Study of Japanese and American Industry*, Los Angeles: Univ. of California Press.
(33) 同上。
(34) 前掲（8）, p. 272.

された科学的管理モデルは、実はアメリカ文化の典型的かつ必然的な結果ではなく、より共同体主義的なリーン生産方式に置き換えられることにより、アメリカの労働者は、彼らがいつの間にか見失っていた以前の共同社会的な職場の伝統に引き戻されたのだとフクヤマは主張する。[35]

本章において見てきたように、アメリカで操業する日系の自動車製造企業においては、アメリカ人従業員から成るワークチームを第一次集団として組織目標の達成に活用しており、こうした試みはある程度成功している。企業が第一次集団を動員する能力は、雇用を提供する組織に対する労働者の依存からもたらされるというコールの指摘は、当を得ている。つまり、アメリカ人労働者においても、その依存の度合いは日本人労働者ほどではないものの、雇用を提供する組織への依存は大きく、リーン方式が成功する背景にはこうした組織に対する依存が存在するのである。すなわち、アメリカの労働者も、特に失業率の高い地域ではそうであるが、「良い雇用主」（賃金、フリンジ給付、雇用の安定などの点で）に大いに依存しているのである。

先に述べたように、フクヤマは日本とアメリカは共同体志向をある程度共有すると主張するが、アメリカの職場における共同体志向については、エルトン・メイヨーやフリッツ・レスリスバーガーらの人間関係論学派の研究者によって検証の試みがなされている。第4章でも述べたように、メイヨーらによって主導された有名なホーソーン工場における実験は、労働者の作業能率が、物理的な職場環境よりも、職場における仲間集団への帰属あるいは集団内の規範によって大きく左右されることを示した。[36] すなわち、アメリカ人労働者の行動においても集団志向、共同体志向は重要な役割を果たすということである。であれば、第一次集団を活用するリーン方式をアメリカ人労働者へ適用することは可能だということになる。現に日系の在米・在英自動車会社においてはリーン方式の適用に成功しているということは、本

(35) 前掲 (8), p. 266.
(36) ホーソーン工場での実験および人間関係論については本書、第4章、123-124頁参照。

章で述べたとおりである。

リーン生産方式の異文化地域への適用は可能かどうかという問いに対する答えは、「可能である」ということになる。しかし、だからといって、ＭＩＴグループの主張するように「リーン生産方式は世界中どこの国へでも移転され得る」というわけではない。ワークチームやＱＣサークルといった制度に支えられたリーン生産は、先に述べたように、従業員相互間の、そして従業員と経営者の間の信頼関係を前提とする。こうした信頼関係は第４章でも述べたとおり、その社会において蓄積されてきた社会関係資本によって支えられているものである。信頼関係が機能することを可能にする社会関係資本の蓄積がなければ、リーン生産方式を導入しても成功させることは難しいであろう。

さらに、先に述べたように、リーン生産方式の成功は、雇用主が第一次集団を動員できる能力と不可分であり、この組織力は労働者の雇用の安定への依存の度合いによって大きく左右される。アメリカやイギリスのように社会関係資本の蓄積レベルがある程度に達している国で、さらに雇用情勢が厳しく、従業員の会社への依存度が高い地域であれば、有効に適用できる可能性は高い。つまりＭＩＴの研究グループの提案する方法によってリーン生産を成功裏に実施することは可能であろう。

第6章

人的資源経営のハイブリッド・モデル

1 はじめに

日本企業の今後の展開においては、第4章で述べたような日本型経営の優位性、特に組織の人間的側面にかかわる長所を十分に生かしていく必要がある。同時に、これまでに顕在化してきた日本型経営の弊害を克服するためには、日本型経営の対極にあるアングロ・サクソン型の諸慣行から有用な部分を選択的に取り入れることも必要である。本章においては、企業の人的資源政策を中心に、アングロ・サクソン型システムの部分的導入により日本型経営の弊害を克服しながら、いかにしてその強さを新たな展開に生かしていくことができるかを提示する。

人的資源政策に関しては、すべての社員に対する唯一最良の戦略などというものは存在しない。また同一の社員に対してさえ、同じ戦略が長期間にわたって通用するとは限らない。個人差や仕事内容の違いによって、また個々人のライフ・ステージによって適切な人的資源戦略は異なってくる。したがって理想的には、人的資源戦略を実施するにあたっては非常にきめ細かく、厳密には個々人別の対応を考えていく必要がある。しかし、経営の現実的要請に応えるという目的のためには、こうした複雑性を認識しつつも、ある程度のグループ分けが必要となる。モティベーションのパターンに最も大きな影響を与える要因は組織の中での地位であることがこれまでの調査からも明らかになっている(1)。

したがって日本型経営の長所を適用するにあたっても、職階別に検討することが重要である。同様に、日本型経営の弱点を克服するためにアングロ・サクソン型システムを部分的に導入するにあたっても、職階別の検討が必要となる。本章においては、全社員を①幹部経営者、②ゴールドカラー（管理職・専

(1) 渡辺聰子（1994）『生きがい創造への組織変革―自己実現至上主義と企業経営』東洋経済新報社、100-123頁、131-150頁。

門職、起業家、コンサルタントなど）、③現場の社員（ブルーカラー、ホワイトカラー事務職およびサービス業雇用者）の3つのグループに分け、さらに③現場の社員を（a）正社員、（b）非正社員（期間雇用者およびパートタイム雇用者）に分けて検討する。日本的なアプローチが最も有効に適用され得るのは、③現場の社員である。①幹部経営者、および②ゴールドカラーに対する人事・人材政策においては日本型経営の良い面はもちろん生かされなければならないが、ここではむしろ、アングロ・サクソン型システムの優れた点を導入し、日本型経営の弊害を取り除き、彼らの意欲を高め、業績を向上する必要がある。要するに日本型と欧米型から優れた部分を取り出して融合し、混成型、あるいはハイブリッド型のモデルを作るということである。

以下、右にあげた4つの職階グループのそれぞれについて、日本型経営の良い面をどのように生かしていけるか、そしてどこにアングロ・サクソン型システムの優れた点を導入すべきかを検討していきたい。

2 多層的ハイブリッド・モデル—日本型とアングロ・サクソン型の相互補完的融合

【1】幹部経営者

（1）幹部経営者のインセンティブ

第1章で述べたように、ここ数十年の間に経営環境は大きく変化した。ますます熾烈になる国際競争に加えて、株主、顧客、従業員をはじめ、様々なステークホルダーが企業に対して厳しい要求をするようになった。幹部経営者は、様々なステークホルダーの厳しい要求に応え、社会的責任にも配慮しながら、利潤を上げるためにより大きな努力をしなければならなくなった。

こうした経営環境の変化はあるものの、それでも幹部経営者の多くは、企業社会においては最高と考えられている地位と権力と高額の報酬を手にしている人々であり、自他ともに許す「成功者」である。幹部経営者としての仕事は、報酬、権力、社会的評価、チャレンジなど人間の主要な欲求に応え得るもので、インセンティブは大きい。これらのインセンティブは、マズローのいう5段階の欲求のほとんどすべてを満足し得るものである。これらのインセンティブは、以下のようなものである。

①報酬：幹部経営者に対する経済的な報酬は企業組織の中では最高額であり、給料、ボーナス、ストック・オプションなどの長期インセンティブ、フリンジ給付、役職特権などを含む。

②権力：経済的報酬以外にも彼らは仕事から様々な報奨を得る。幹部経営者の仕事に内在する重要な報奨の1つは「権力」である。幹部経営者は自らのビジョンを実現すべくリーダーシップを行使し、他者に命令を下し、人々や経営資源を自由に動かすことができる。権力の行使は常に快感をもたらすものであり、権力は多くの人にとって重要なインセンティブである。

③チャレンジ：幹部経営者の仕事は、より大きな責任を引き受けたい、仕事を成功させたいという達成意欲を満足するものである。また不確実な状況の中でリスクを負いながら計画を遂行していくというチャレンジに満ちた仕事である。成功すれば得るものは大きいけれども、失敗すれば失うものも大きいという、いわば「賭け」（つまりギャンブル）の要因を含んでいる。このチャレンジの過程におけるエキサイトメントと成功したときの達成感は「自己実現の欲求」を大いに満足するもの

であり、大きなインセンティブになる。

④社会的評価：幹部経営者にとっては社会的評価も大きなインセンティブとなり得る。社会的地位や評判に対する欲求、つまり他の人々から承認され、地位や名声や信望を得たいという欲求は、マズローのいう「自我の欲求」に属するものであり、「承認欲求」とも呼ばれる。経営者の多くは一般に社会的評価や名誉を得たいという欲求を持っているが、次に述べるように、特に日本の経営者は明治時代から世間の評判を重視する傾向があった。企業活動を通じて社会的貢献をしているという意識が彼らの満足感につながる。したがってメディアに登場することなどは、彼らの承認欲求を大いに満足するものであり、メディアに登場する機会を与えることは彼らを動機づける上で非常に効果的である。

このように幹部経営者の仕事には大きなインセンティブがあるが、彼らの意識や行動パターンは歴史的・文化的背景によってかなり異なる。特に人事管理制度と企業統治の仕組みの異なる日本と欧米では、その違いは大きい。幹部経営者のモティベーションを論ずるにあたっては、この違いを理解する必要がある。

(2) 日本企業の場合

①日本的経営哲学―Y理論、社会的使命、世間の評判

日本型経営の強みである現場主義、人間主義、平等主義は、今後の経営においても生かされるべきであり、こうしたアプローチは、アジアをはじめ、海外における展開においても有効であろう。本書の第4章および第5章においてアジア、アメリカ、イギリスで操業する日本企業でもこうしたアプローチが

有効に機能している例を示した。さらに日本の経営者の持つ長期的視座もまた、今後とも継承されるべき特性である。

現場主義、人間主義、平等主義を重視する日本の経営者の姿勢は、昨日や今日に習得されたものではない。第5章で述べたように、明治維新後の近代的な産業の発展の中心となった企業家や経営者は、徳川時代から受け継がれた儒教的世界観の影響を強く受けていた。この儒教的世界観においては、性悪説ではなく性善説がとられていた。権力の座にある欧米の指導者は、部下を鞭と餌とで動くロバのような存在と考える傾向があったのに対し、儒教主義者であった日本の経営者は、部下を、良心に訴えればそれに反応する人間であると見なす傾向があった(2)。従業員を管理するにあたって、日本の経営者が現場主義的、人間主義的、あるいは平等主義的なアプローチを選択してきたのは、彼らの経営哲学の根底に人間の本質に関するこのような考え方があったからだと考えられる。

第5章でも述べたように、欧米と日本それぞれにおいて支配的であった考え方は、マグレガーの「X理論」および「Y理論」が提示する2つの対照的な概念に対応する。日本的経営の基礎にある「性善説」はマグレガーが提示したY理論の概念に近い。

民間の企業家や国営企業の管理者は、世間の眼に道義をわきまえた良き市民として映ることを望んでいた。これは、軍人や官吏に比べて、企業家や経営者がその社会的地位を上げるのに苦労していた状況下ではなおさらであった。1868年の明治維新以降、「富国強兵」、「殖産興業」のスローガンが頻用される中、企業家が目指すべき理想は、思いやりのある家族主義者、「富国強兵」キャンペーンに協力して大勢の労働者を率いる指導者であり、利己的な目的のためだけに他者を搾取する資本家ではなかった。人目を引く富だけでは、それをもたらした決断力と頭の良さがいかに世間で評判になろうとも、日

(2) Dore, R. (1973) *British Factory—Japanese Factory: The Origins of National Diversity in Industrial Relations*, Berkeley, CA: Univ. of California Press, pp. 401-402.

本においては高い社会的評価を得ることはできなかった(3)。

このことは、彼らが利潤や会社の成長に関心を持たなかったことを意味するものでは決してない。当時の日本の政治的・社会的雰囲気の中では、名誉や社会的な尊敬が非常に重んじられたために、日本の企業家は他国の企業家に比べて、立派な指導者としての世間の評判をより重視するようになったのであろう。彼らにとって最も望ましいのは、利潤や成長に貢献し、組織を効率的なものにすると同時に、彼らのイメージアップに寄与する政策であったと考えられる。

こうした歴史的背景のために、日本の経営者は、現在でも従業員に対して現場主義、人間主義をとり、組織内の地位による報酬に関しても、欧米の経営者に比べてより平等主義的な立場を受け入れる傾向がある。こうした姿勢は、従業員の間に経営者に対する尊敬の念と組織に対する帰属意識を醸成し、従業員のモティベーションの増進につながり、組織の統合にとって効果的である。そして経営者のこうした姿勢は、同時に、経営者に対する社会的評価につながる。

日本の経営者が、他国の経営者に比べて、社会的使命をより強く意識し、社会的評価をより重視し、社会から尊敬されることをより強く望む傾向は、現在に至るまで続いている。こうした傾向は、企業の社会的責任、ＣＳＲがより強く求められるようになった現在の経営環境にいみじくも合致するものである。

②求められる変革―成果主義の導入

欧米と異なり、日本企業では経営者の多くは従業員出身であり、平社員から組織の中の階段を徐々に上ってトップにまで到達した人達である。近年では、日本の経営者の中にも、既存の企業における内部

(3) 前掲（2），P. 402.

昇進というルートを通らずに、若くして起業に成功する新興の企業家も増えている。ＩＴ、インターネット、人材派遣などの成長分野で、こうした起業の例が増えている。このような新しい傾向も見られるものの、しかし多くの大企業では、幹部経営者のほとんどは、依然として先に述べたようなルートで平社員から出発して組織の中の階段を昇進してきた人たちである。

こうした体制の下では、役員ポストは、今後の経営戦略との適合性や能力や適性の評価に基づいて決められるのではなく、論功行賞の結果として与えられることが多い。さらに誰が社長になるかは、前任者の「禅譲」によって決まることが多い。また終身雇用が前提となってきたので、トップレベルの企業間移動はきわめて少ない。こうした状況においては、役員ポストが終身雇用・年功序列体制における昇進の褒賞として使われるため、役員ポストの数が必要以上に増える傾向がある。取締役会が必要以上に膨らめば、幹部の利益が優先して保身が自己目的化し、株主はおろか、従業員の利益すら軽視されるようになり、自己浄化能力もなくなる。

このような制度は、経営者の間に甘えを生じさせてきた。かつての高度成長期の日本では、市場規模そのものが毎年膨らんでいく好条件の中、経営者に創造的な戦略や強力なリーダーシップがなくても、「現状踏襲型」の経営で十分やっていくことができた。またすでに出来上がった枠組の中で現状を維持するということが保身にもつながると信じられていた。このような傾向は、終身雇用体制によってさらに助長される。つまり終身雇用が保障されているために、年令が高い人々は定年までの年数を数えてしまう。年功序列体制のもとでは、上位の管理職ほど年令が高いので、こうした傾向が強く、視野が短期的になる。彼らが考えているのは、役職定年のことであったり、どこの子会社に行かされるのかということであったりする。また幹部経営者の中には、自分の役員任期の期間中のことしか頭にない人もいる。

これらの人々の関心は、勢い長期的な視座からの変革を支持することよりも、「安穏」、つまり定年までの残り時間を大過なく過ごすということになる。つまり経営者は、積極的改革を試みる必要もなかったし、また将来のあり方の選択にかかわるような高邁なビジョンを提示する必要もなかったわけである。

しかし、こうした経営環境はもう過去のものとなった。国際競争の激化、テクノロジーの急速な進歩、市場の規制緩和、さらには進出先国における政情不安等々、様々な要因が先行きの不透明感を大きくしている。こうした変化に対応するような新製品の開発、新規事業の企画、新たな産業の創出などを実現するためには、経営資源の大規模な再配置とシステムの根底からの転換が必要となる。今求められているのはしたがって、こうした変革に向かってイニシアティブをとることのできる強力なリーダーシップであり、現状を打破し、新しい価値を創造することのできる「状況創造型」の経営者である。

今後、日本企業が厳しい経営環境の中で成功を収めていくためには、幹部経営者にこのようなリーダーシップを発揮させるべく、彼らを積極的に動機づける必要がある。従来型のインセンティブ制度から脱却し、成果を処遇により大きく反映する方向への変革が必要である。成果主義の導入に関しては、本書、第2章で述べたように、職階別かつ多層的な政策が必要である。つまり、組織全体を見た場合、与えられている権限が小さい下位の職では、成果で決まる報酬部分を小さくする、あるいは成果主義を導入しないことが適当であるのに対し、大きな権限が与えられている上位の管理職では、成果によって決まる報酬部分を大きくし、彼らのモティベーションを高め、経営力とリーダーシップを発揮させる必要がある。

組織内の地位による経済的、社会的格差の小さい日本型のシステムは、現場の従業員の満足度を高めるには有効である。しかし、こうした日本的な階層平等主義の根底にある能力平等主義は、能力的にみて本来その組織内で上層に位置すべき人々を動機づけ、活用する上で障碍となる。こうした制度のもとでは、企業の発展に必要な創造的能力やリーダーシップを持った人々を活用したり、また外部から採用することは難しい。幹部経営者に関しては、今後は成果に応じて報酬額により大きな格差をつける方向への変革が必要であるし、取締役会の効率化を進め、役員の数を見直すことも必要である。

経営幹部の処遇に成果主義を導入する必要があるとはいえ、企業内の階層による格差を小さくするという日本的な平等主義の姿勢を保つことは重要である。後で述べるように、幹部経営者（ＣＥＯ）と一般社員との報酬の差が著しく大きいアメリカ型の報酬制度は、組織の結束にマイナスの影響を与える可能性が高い。２０１０年から日本でも1億円以上の役員報酬の公開が義務づけられることになり、国内の上場企業が支払った高額の役員報酬が公表されているが、組織の結束、社会の統合という観点から考えると、社会的承認を得られる水準でなければならない。すなわち、経営幹部に対しては、良識的な水準を保ちつつも、業績評価をきちんと反映したメリハリのある報酬の配分がなされなければならない。

(3) 欧米企業の場合

欧米企業における幹部経営者の多くは、貴族的な生活様式を可能にする高額の報酬を受け取り、一般社員とは隔離された豪華なオフィスを与えられ、最高の地位と権力を持つ者として処遇される。米国では、幹部経営者（ＣＥＯ）と最も給料の低い社員との報酬の格差は、５００倍を超えるという（第4章参照）。ちなみに地位による給与格差が小さいことで知られている日本企業では、この数値は5倍から30倍程度であるといわれる。日本企業と比べた場合、欧米企業の幹部経営者の報酬の特徴は、１つはボーナスとも呼ばれる功績奨励給の割合が高いこと、もう1つは全収入に占める長期インセンティブの比率が高いことである。

欧米企業の幹部に対する報酬の体系においては、他の社員に対する報酬の場合と比べて、ボーナスの占める割合が高い。通常、幹部経営者に対しては、基本年俸の50％とか80％、あるいは90％といった高額のボーナスが支払われる。さらに欧米企業の多くが、報酬の一環として幹部にストック・オプションを中心とする長期インセンティブを供与している。特に米国企業においてはこうした長期インセンティブ型の報酬が経営者の全報酬に占める割合は年々増加し、全報酬の九割に達するケースもある。

ストック・オプションをはじめとする長期インセンティブ制度の目的は、企業の長期的な成長と繁栄に貢献するように経営者を動機づけ、士気を高め、そしてこうした貢献をした経営者に報いることである。理論的には、ストック・オプション制度のもとでは、経営者の努力によって会社の利益が上がり、株価が上昇したときにだけ、経営者はその恩恵をこうむるようになっており、効果的なインセンティブとして機能するはずである。

しかし実際には、企業の成績が伴わないにもかかわらず、ストック・オプションにより経営幹部が巨額の収入を得るということが起きている。それは、ストック・オプションがきわめて有利な条件で経営者に支給されていること、さらにはストック・オプションを行使するタイミングが保有者の自由裁量に任されているため、幹部は往々にして、将来の株価に関する内部情報を利用してオプションの行使に最良のタイミングを選ぶことができるからである。

また役員報酬が実際に会社の業績と彼らの担う責任の大きさを反映しているかどうかという点に関しても、一致した見解はない。経営者の得ている報酬が、彼らの担う責任の大きさとは余り関係がないという見方をする論者もいる。つまり経営者の報酬は、主としてその企業が操業している産業分野、および企業組織の権力構造によって決まるというのである。

企業組織の権力構造は、企業の支配体制、もっと具体的には幹部の報酬を決定するメカニズムを規定する。米国においては企業の経営陣は取締役とオフィサー（経営の実務者）によって構成される。取締役の中で直接の利害関係を持つ人を除いたメンバーが報酬委員会を作り、オフィサーや他の取締役の報酬を決定する。取締役の中には社外取締役が相当数含まれており、この社外取締役は、通常、他社の幹部でもある。したがって彼らは、一般に、幹部に支払われる高額の報酬に対して同情的である。役員兼任制度を含むこうした企業の支配体制が、幹部の高額の報酬を制度化することを可能にし、その結果、こうした報酬が彼らを経営努力へと動機づけるインセンティブとして効果的に機能しなくなっているといわれる。

幹部経営者に対する報酬のあり方に関しても、また彼らが報酬に値する仕事をしているかどうかという点に関しても、様々な見解がある。株主や一般大衆の間では、幹部経営者は報酬をもらい過ぎているとの批判の声も強い。下位の管理職においては、通常、彼らの給与は彼らの下で働く部下の中で最も給与の高い者よりも10～25％程度高くなるように設定されている。こうした下位の管理職の給与が妥当なものであるかどうかについては余り議論の余地はない。しかし一方、トップ経営者は、会社の業績いかんにかかわらず高額の年俸や贅沢な特権を与えられ、さらにボーナスや長期インセンティブを享受しており、現代産業社会における特権階級になりつつある。経営者だけが桁外れの報酬を受け取ることに対して世論は一般に批判的である。

経営者報酬のあり方を是正しようとする動きは、いくつかの具体的な法規制の制定となって実を結んでいる。米国では、証券取引委員会の幹部報酬に関する情報開示規定により、報酬（基本年俸およびボーナス）が10万ドルを越える場合には、他の管理職と同様にＣＥＯの報酬も公表されなければならない。また連邦銀行預金保険法（Federal Deposit Insurance Act）の中に含まれる過剰な報酬を禁止する条項は、銀行家の報酬をチェックする機能を持つ。さらに株主集団も、企業が幹部経営者に対して支払うことのできる報酬額の制限を強化することを求めている。こうした規制ができたことにより、取締役会は役員の報酬を審議し、金額を決定するにあたって、以前に比べると責任ある行動をとらなければならなくなった。

また英国の経営学者ハンディは、アングロ・サクソン型の企業統治システムのもとでは、経営者が自己利益の追求にばかり走るという弊害がしばしば生ずるという。これを防ぐ1つの方法として彼はプロフィット・シャアリングを提案する。大陸ヨーロッパでは、すでに一部の小企業が、税引き後利益の一定割合を社員に配分し、メンバーとしての社員の権利を明確にする試みを始めている。このような制度のもとでは、メンバーの代表者が報酬決定の議論に参加することになり、各人が利益に対する責任を負うことになる。つまり報酬の仕組みを通してある種の民主主義が導入され、それによって社員のより大きな理解、コミットメント、貢献などを得ることができ、その結果、企業の業績が向上することが期待できるという[4]。

このような制度の導入により、幹部経営者に対する報酬が、彼らの業績や彼らの担う責任の大きさに照らして妥当だと思われる水準を過度に上回ることのないように監視することが可能になる。また同時に、幹部経営者が自己利益のためだけでなく、組織全体の利益のために努力するように動機づけることが可能になる。

欧米企業においても日本企業においても、経営幹部のインセンティブ制度の改革が経営幹部自身のイ

(4) Handy, C.（2002）What's a Business For, *Harvard Business Review*,（December）pp. 49-55.

ニシアティブによって推進される可能性は低い。このグループに関しては、企業外の力、すなわち株主による監視機構の強化、企業の情報開示責任の強化、社員の代表者が幹部の報酬決定過程に参画すること、あるいは批判的な世論の形成などにより、インセンティブ制度を是正していく必要がある。

【2】ゴールドカラー

（1）ゴールドカラーの仕事意識

ゴールドカラーには職種としては、専門職・管理職などのホワイトカラー上級職、起業家、および情報・知識産業分野で働くコンサルタントや専門的技術者などが含まれる。このグループは、今後、組織を活性化し、新しい価値を創造する上で重要な役割を果たすことが期待される。ゴールドカラーは一般に自己実現を重視する。第4章で述べたマズローの欲求の五段階構造の頂点に位置するのが、自己実現の欲求である。これは自分の可能性を実現し、自己発展を継続し、広い意味で創造的であることに対する欲求である。ゴールドカラーの中には、仕事の第一義的意味を自己実現に求め、自己発展の可能性を最大限に追求する「自己実現至上主義者」も少なくない。自己実現を重視する人々は、仕事の内容そのものに意味を見いだし、仕事を通じて自分の能力を伸ばしたいと考える。彼らは、知的関心を満足する仕事に就き、問題解決、自己表現、自我の確認の機会に恵まれた活動に従事したいと考えている。

こうしたゴールドカラーの仕事意識については、著者がこれまでにアメリカ、ヨーロッパおよび日本で行った調査からも明らかになっている。たとえば、1990年代から2006年にかけてアメリカ、イギリスおよびドイツで行った質問紙調査で「仕事に何を求めるか」を尋ねたところ、管理職・専門職、あるいは高学歴グループにおいては、チャレンジ・達成感・自己実現を重視する傾向が強いことが明らかになった(5)。

同様の傾向は日本でも見られる。内閣府による「国民生活に関する世論調査」の中に「働く目的は何か」を尋ねる質問がある。この結果の1977年から2013年までの推移を見ると、管理職・専門職においては、「自分の才能や能力を発揮するため・生きがいを見つけるために働く」と答えた人の割合が増えており、1977年には16・0％であったが、1999年には49・6％とほぼ半数に達した。それ以降、概ねこうした傾向が続いており、自己実現を目的とする人の割合は、ブルーカラーや事務職に比べると、管理職・専門職において一貫して高い。また彼らの多くは、生活全般にわたって意欲的で私生活においてもリベラルな態度を持ち、妻にも職を持ち、仕事を通じて自己実現を追求してほしいと考える。

ゴールドカラーの仕事意識におけるこうした傾向は、すべての先進国に共通して見られる現象である。もちろん、日本と欧米とを比べると、歴史的、文化的な相違の影響力はまだ残っており、日本のゴールドカラーにおいては欧米のゴールドカラーにおけるよりも多少集団主義的な傾向が見られるものの、こうした地域による差異は縮小している。

(2) ゴールドカラーに対するモティベーション政策

今後企業が生産性を上げ、収入を創出していく上で、最も大きな貢献が期待されるのがゴールドカラーである。このグループの自己実現の欲求に効果的に応え、彼らにリーダーシップを発揮させ、彼らから創造的能力を引き出すことができるかどうかは、企業にとっては死活を制する重要な課題となる。新たな製品や新たな市場を開発するための創造性は、人々の自己実現の欲求に働きかけることによって

(5) 渡辺聰子・アンソニー ギデンズ・今田高俊（2008）『グローバル時代の人的資源論―モティベーション・エンパワーメント・仕事の未来』東京大学出版会、112頁。

最も効果的に引き出されるのであるから、経営者は彼ら、特にリーダーとしての潜在的能力を持つメンバーの自己実現の欲求に適合するような発展機会を用意しなければならない。

ゴールドカラーは、チャレンジの場を求め、実力を示したり才能を伸ばしたりする機会を求めている。したがって彼らには戦略的なプロセスに参加させ、自らの仕事を企画させ、決定したことを実現させることによってモティベーションの増進を図ることができる。

また彼らは、達成した成果に対して正当な評価を受けることに意義を感じる。彼らはチャレンジの場を求めているので、彼らに対して高い評価基準を設定するのが適当であることが多い。そして仕事の成果があがれば、成果に見合った十分な処遇をすることが重要になる。有能なゴールドカラーを動機づけるためには、伝統的な日本型経営の特性である年功序列制度とその根底にある能力平等主義は有効ではない。仕事の成果と活動に結びついた報酬のシステム、および公正で透明な評価のシステムを進化させる必要がある。

しかしながら、日本型経営の特性である長期安定雇用に関しては、このグループに関しても守られるべきであろう。長期安定雇用あるいは終身雇用は、組織としての一体感や信頼関係を醸成し、さらに第4章でも述べたように、創造的なイノベーションを促進し、義務のレベルを超えた積極的なコミットメントを生み出す土台となる。長期安定雇用が前提となっていることによって、企業は長期的視点に立って社員の能力開発に投資できるし、息の長い研究開発を遂行することができる。また安心して仕事に集中できる環境が保証されることは、どの階層の社員にとっても、また仕事がどのようなものであれ、きわめて重要なことである。社員の大半が終身雇用を望んでいることは意識調査の結果からも明らかである(6)。

(6) 本書、第2章26頁参照。

一方、日本型の終身雇用は、往々にして社員の間に「甘え」を生じさせ、社員を現状に安住させ、その結果、組織をチャレンジ精神のない守旧的なものにしてしまい、生産性と競争力を低下させる。長期安定雇用のメリットを維持しつつ、そこに潜む弊害を克服し、ゴールドカラーのモティベーションを高めなければならない。

そこで、従来の年功型の処遇体系を見直し、欧米型の成果主義的な概念を取り入れる必要がある。1990年代以来、成果主義型の報酬制度を導入した日本企業は多いが、その後諸々の問題に直面し、軌道修正を行ったケースが多いことは第2章で述べたとおりである。軌道修正の結果、基本給は従来型の年功型職能給で支払い、ボーナスは全額あるいは何割かを成果によって支払うといった制度に落ち着いたケースが多い。成果主義は職種や職務階層に応じて選択的に適用されなければならないが、ゴールドカラーに対しては、業績・成果が報酬に反映される度合いを高くし、モティベーションを高める必要がある。基本給は従来型の年功型職能給であっても、ボーナスを成果主義型にすることによってかなりの差をつけることができる。実際、このようなやり方で若い社員に対しても業績によってかなりの差をつけている企業は多い。

個人の成果に対する定量的評価が可能な場合には、同一職務内で業績評価によって報酬に差をつけることができる。しかし仕事がチーム単位で行われる場合、どこまでが個人の仕事かはっきりと線を引くことができないので、こうした場合にはチームに対する評価により、チーム全体に報酬を与え、①メンバー全員に同額のボーナスを与える、あるいは②チームのボーナスをどのように個人に配分するかについてはチームに任せるといった方法により、成果を報酬に反映する。

業績評価によって成果を報酬に反映する場合、どれくらいのタイムスパンで行うかは、職場の状況や仕事の内容に応じて決められるべきである。短期的に実施すると、第2章（4［2］（2））で述べたような問題―①長期的視座が失われる、②評価の不公正によるモティベーションの低下、③チームワークの悪化など―が発生することがある。こうしたリスクがある場合には、評価の報酬への反映は中・長期的に行うことが望ましい。

一方、昇進・昇格は年齢、年功とは関係なく、能力と成果によって決定すべきである。こうした体制は、リーダーの早期育成にも役立つ。従来型の終身雇用と年功序列の制度のもとでは、昇進の速度が遅かったため、有能な若い人材の能力が生かされないという弊害があった。しかし、昇進・昇格を能力主義で行えば、リーダーの早期育成、早期選抜が可能になり、有能な人材をタイミング良く昇進させ、有能な経営幹部として育てることができる。今後の発展機会を与えることは、大きなインセンティブとなる。ゴールドカラーにとっては、昇進を伴うグローバルな移動はしばしば大きなインセンティブとなる。

昇進・昇格を成果によって決定するということは、成果があがらなければ、等級が低いポストへの移動、つまり減給を伴う降格があるということである。雇用を保障する制度を維持しつつ、その弊害を除去するためには、何回かの業績評価の結果、評価点が低い社員に対しては降格を実施すべきである。降格人事を厳格に行うことによって規律を維持することができ、成果をあげている社員に対しては昇進・昇格を与えることができる。（降格人事については第2章参照。）

要するにゴールドカラーに対しては、「成果主義」、つまり「仕事の成果を公正に評価し、その評価に基づく処遇をする」という概念に基づいて人事管理を行う必要がある。特に創造的・知的人材にその知的な力や創造性を発揮させるためには、成果主義の活用が不可欠である。

先に述べたように、ゴールドカラーは今後企業が新たな価値を創造していく上で、最も重要な貢献が期待されるグループである。新たな製品や新たな市場を開発するための創造性は、人々の自己実現の欲求に働きかけることによって最も効果的に引き出される。したがって、経営者は彼らがそうした力を発揮できるような仕事環境を用意しなければならない。

今日の経済の中心にあるといわれる知識産業においては、ゴールドカラー人材から創造的能力を引き出すことができるかどうかは、企業にとっては死活を制する重要な課題となる。知識産業においては、これまでの資本主義生産においての最も重要な要因であった「資本」に替わって、知的な力、つまり知的資産を創造する人材が生産の最も重要な要因となる。したがって、知的資産を創造する人材の確保が企業活動の鍵となる。しかし人材は、金銭の資本と違って、意志を持っており、拘束することはできない。いかに知的人材を活用できるか、いかにして彼らが進んで創造するような環境とインセンティブを用意することができるかが、企業の競争力を左右する。

たとえば、可能なかぎり管理を緩め、既成概念にとらわれずに柔軟な役割分担を行うシステムが有効に活用され得る。すなわち、リーダーは必要な情報と資源を与え、目標を伝えるだけで、あとは成員の自由に任せるというものである。クリスト ノーデン－パワーズの「エンパワーメント」の概念も、これと類似したものである。つまり、管理を最小限に縮小し、社員が自由に精神を解き放ち、高度の目的や自己実現を達成できるような環境を作ることによって、彼らに力を与え、彼らの潜在能力を引き出そうというものである。(7)

こうした環境を作るにあたっては、日本型経営の特性である長期的な信頼関係が基盤として生きてくる。自律と自発性に任せるシステムの構築には、経営者、リーダー、社員の間の信頼関係が不可欠である。

(7) Norden-Powers, C.（1994）*Empowerment: How to Succeed with Vision, Leadership and Change*, Australia: The Business Library.（吉田新一郎・永堀宏美訳『エンパワーメントの鍵―「組織活力」の秘密に迫る 24 時間ストーリー』実務教育出版、2000 年）

【3】現場の社員（ブルーカラー、ホワイトカラー事務職およびサービス業雇用者）

ここでは、現場で働く社員について述べる。このグループには、ブルーカラー雇用者（生産労働者）、ホワイトカラー事務職およびサービス業雇用者が含まれる。雇用形態が異なる正社員と非正社員を分けて論ずる。

(1) 現場の社員―正社員

本項では、正規社員として雇用されているブルーカラー雇用者、ホワイトカラー事務職およびサービス業雇用者について述べる。

現場で働く社員の多くは、第一義的には経済的な目的のために働いている。しかし物質的報酬とならんで職場における社会的欲求の満足も重要な動機づけの要因となっている。現場の社員に対しては、伝統的な日本型経営の特性である「安定雇用」、「社会的欲求に応える人間関係論的アプローチ」、「共同体志向」、「現場主義」、および「平等主義」に根差す経営方式の適用が有効である。

①継続的な賃金上昇の終焉

1950年代から1970年代にかけての高度成長期には給与の継続的な上昇が可能であった。しかし、現在では多くの企業にとって継続的に給与を上げることは財政的に不可能である。そうなると、金銭以外の別の誘因によって彼らを積極的に動機づけることができるかどうかが、製品の質と生産性を決定する最も重要な要因になる。もちろん、従業員が人間としての尊厳を保ちながら生活するために必要な収入、市場の相場である労働価格に近い給料を支給するということは彼らの働く意志を維持するための前提条件である。しかし経営者は、彼らのモティベーションの増進に貢献する金銭以外の誘因に注目することによって、彼らがチームや組織やより大きな共同体に対してコミットメントを感じることができるように導くことができる。

日本においては1970年代までは、社員の間に会社への帰属意識や忠誠心が相当程度存在していたが、こうした意識は徐々に衰退し、次第に個人主義的な傾向が強くなっていったといわれる。しかしながら、第4章でも述べたように、最近では日本企業の中には、「安定雇用」、「家族主義」、「共同体志向」、「社会的欲求に応える政策」といった日本型経営の特性を機軸とする政策により、職場における社会的つながりを取り戻し、従業員の職場満足度を高めようという動きも出てきている。またグローバル化の競争圧力により雇用環境および労働環境が悪化する中、従業員の間でもこうした政策を歓迎する傾向がある。こうした政策の実例は第4章で紹介した。

②日本型経営の特性を生かす政策

現在の雇用環境、労働環境において、モティベーションの増進に貢献する金銭以外の誘因の中で最も重要なものは、雇用の安定および社会的欲求にかかわる人間関係面での満足である。これらはいずれも伝統的な日本型経営の特性である。以下こうした要因に注目した政策について見ていく。

(a) 雇用の安定

現場の従業員にとっては、誠実に仕事をすれば予想される額の給料が安定的に支払われること、さらに自分の選んだ会社に自分が望むかぎりとどまることができることはきわめて重要である。つまり現場の従業員のコミットメントを得るためには、安定的雇用を提供することは非常に有効である。

1980年代に始まったリストラ以来、多くの企業は恒常的に人員削減を行うようになった。不況時のみならず好況時においてさえも人員削減を行う企業が増えた。長年にわたって終身雇用を慣行としてきた日本企業の間でさえも、以前に比べると人員削減という選択肢に依存する企業の数は増えている。しかし、第2章で述べたように、欧米企業に比べると、現在でも日本企業は一般に「雇用の安定」を重視する傾向が強く、様々な調整の制度を用いて解雇を極力避ける努力をする。

1990年代には終身雇用を見直す企業が増加したが、2000年代にはこうした企業の数は減り、現在では多くの企業が今後も終身雇用を維持したいと考えている。（第2章参照。）

これらの企業は「忠誠心やコミットメントを醸成する」、「長期的人材育成が可能である」といった終身雇用制度のメリットは、それを廃止することによって得られるメリットをはるかに凌駕すると考えている。忠誠心や信頼が生み出されることによって、企業の管理コストは低減され、企業への帰属意識も生まれる。さらに従業員から単純な金銭的報酬では引き出すことのできない心理的エネルギーと企業への貢献意欲を引き出すことができる。こうした意味において、安定雇用が生み出す忠誠心や信頼は貴重な資産である。

(b) **社会的欲求に応える政策**

金銭的報酬以外の要因の中で、現場の社員のモティベーション増進に寄与する重要な要因に社会的欲求の満足がある。現場の社員が従事する仕事の内容は多岐にわたる。彼らの仕事の中には、その内容に自己実現の欲求や自我の欲求を満足する要因が含まれる場合もあるかもしれない。また経営者は彼らに対して，成長と達成の機会をできるだけ与えるように努力すべきである。しかし，仕事の性格上，こうした機会を見出すことが難しいことも少なくない。たとえば，仕事が標準化された単純な作業の繰り返しであれば，知性を要求されることはほとんどない。

しかしながら，仕事そのものに意味を見出しにくい場合でも，人間関係にかかわる要因に配慮し，彼らの社会的欲求に応えることよって彼らのモティベーションを維持することができる。つまり従業員は，仕事そのものから満足が得られない場合でも，「社会的欲求」によって動機づけられる「社会的人間」であり，従業員のこうした欲求に応えることによって彼らの職場満足度を高めることが可能である。これは，「人間関係論」分野での研究によって明らかにされている（第4章参照）。

(c) 家族主義と職場での親交

人間関係的要因には同僚間の親交や連帯，仲間による訓練などが含まれる。「連帯」とは，経営者からの，あるいは他の従業員集団や顧客などからの攻撃に直面したとき，すすんで互いを守ろうとする気持ちに基づいている。連帯の基盤は，「仕事を通じて共有される体験」と，こうした共通の体験から生ずる「関わり合いと愛着」の気持ちである。連帯感は，作業内容そのものに意味を見出しにくい仕事に従事することから生ずる疎外感を緩和する。また長期にわたって存続し，比較的安定していて，規範によって統合された職場環境においては，同僚の間での親交が盛んになる。また従業員の自律が保たれている職場では，しばしば仲間による訓練が実施され，生産が確実に継続されるように，重要な知識が積極的に仲間に教え伝えられている。

日本式の経営では、労使間の人間関係は包括的・家族主義的であり、雇用主は公私にわたる従業員の生活の諸局面について従業員の面倒を見るのが慣行であった。日本企業の経営慣行は、ここ四半世紀の間にかなり変化してきたが、職場における人間関係的な要因の重要性はそれほど変化していない。現在でも日本企業では、どの階層においても、社会的な側面、人間関係面での満足が従業員の職場満足度の重要な要因となっている。社会的欲求を満足させる日本的アプローチは、日本企業の海外拠点においても適用され、現地社員にも概して肯定的に受け止められている。

(d) 平等主義、人間主義

第4章で述べたように、組織の中での階層による給与の格差が小さいことは、伝統的な日本型経営の特徴の1つである。こうした平等主義は、上級職や管理職の動機づけにおいては障碍となることも多いが、現場の従業員に対しては、一般的に有効に機能する。特に、第5章でも述べたように、階層間の給与格差を小さくし、階層を越えた昇進を行うという「日本的平等主義」、さらに経営者自らが現場に入って従業員に接触するという「日本的人間主義」は、現場の従業員の管理には非常に有効である。こうした平等主義的・人間主義的アプローチは、現場の従業員の帰属意識や職場に対する誇りを高め、社会的欲求を満足する上ではきわめて有効である。また同時に、現場を重視する経営者の姿勢は、従業員の自尊心や承認欲求の満足にもある程度貢献している。このような方式は、第5章で述べたように、現在でも国内外の現場で活用されており、また今後も有効に適用され得るものである。

(e) 個人単位での成果主義は最小限に

現場の従業員に対しては、成果主義の適用は最小限にとどめるべきである。原則として、成果を処遇に反映する度合いは、与えられている権限の大きさに対応すべきである。なぜなら個人が上げられる成果の範囲は、与えられている権限の大きさによって限定されるからである。上位の管理職では、大きな権限が与えられており、それにもかかわらず成果があがらなければ、それは本人の責任である。しかし下位の職で、与えられている権限が小さい場合は、たとえ成果があがらなくてもそれは必ずしも本人の責任ではない。上の階層では高い成果基準を設けて成果によって決まる報酬部分を大きくし、職位が下がるに従って成果によって決まる報酬部分を小さくすることが適当である。したがって現場の従業員に対する成果主義の導入は適当でない場合が多い。特に個人ベースでの成果主義は、現場の従業員には適さない。ただしチームの業績に応じて、チームベースで小額の追加的（エクストラ）なボーナス（そのチームのメンバー全員に対して同額が支払われる）を支給するといったことは、従業員に歓迎されている。

③ワーク・シェアリングとフレックス・タイム

現在でも多くの日本企業が終身雇用制度を維持したいと考えており、正社員の解雇は極力避けるのが一般的である。しかし業績が悪化して、非正社員の解雇、正社員の早期退職優遇制度、子会社への在籍出向、配置転換などを実施して人員調整を行っても、それでもさらなる人件費の削減が必要な場合には、ワーク・シェアリングあるいは時短といった方策が検討される。労働時間の短縮は生産性を犠牲にすることなくして雇用を維持するための、唯一の実行可能な解決法である。ワーク・シェアリングとは仕事を分かち合うという意味であるが、仕事を分かち合うということは、すなわち生きがいを分かち合うということでもある。

時短を進める上での最も大きな問題は、従業員がどれだけの賃下げを受け入れられるかということである。日本企業において経営状況が悪化したとき、相当の給料削減を伴う時短を実施することによって人員削減を行わないで切り抜けることができるのは、企業が長期継続的関係を重視し、従業員と経営者の間に信頼関係が存在するからである。

勤務する時間帯をフレキシブルにするフレックス・タイム制度の導入も、従業員に歓迎される場合が多い。フレックス・タイム制度が、経営者、従業員双方にとって満足すべき結果をもたらしている事例は少なくない。たとえば著者が調査した乳製品製造業のA社では、数年前に年間労働時間システムを採用した。それ以前の制度の下では、週40時間、残業も含めて40~48時間働いていた。新しい制度の下では、多く働くときもあれば、少なく働くときもあってよいが、年間で合計2000時間働くというものである。年間の合計労働時間が定められているので、もし休めばどこかで埋め合わせなければならないし、休まないで働いたり、あるいは余分に働けば後で休める。病欠や欠勤が少ない場合、休暇が増えるというインセンティブもある。この制度の根底にある考え方は、「仕事がなされることが重要であり、仕事がなされればよい」という一種の成果主義であるという意味で、欧米的な考え方であるが、日本企業にも導入され得るものである。管理はワーク・チーム単位で行われる。

(2) 現場の社員―非正社員

①非正規雇用の増大

第2章で述べたように、この30年間に多くの先進国における非正規雇用者の数は増加し続けている。雇用のフレックス化が進む背景には以下のような企業のニーズや労働市場の現実がある。

まず第1に、企業は、雇用のフレックス化により人件費コストを削減することができる。たとえば大型小売業Y社のケースを例にとると、パートタイマーの時給は870円、同じ仕事を正社員が行った場合、初任給20万円で社会保障も含めた人件費は月額35万円、1時間当たり2200円となる。つまりパートタイマーは正社員のほぼ半分のコストで済むことになる。人件費コストの削減に加えて、企業にとっては労働力の調整が容易になる。短期間に限定して労働力を補充することができ、法的リスクや財政的負担もなく必要に応じて彼らを解雇することができる。

第2にフレキシブル化が進む背景には、労働市場の構成が変化していることがあげられる。少子化により若年労働力が減少する一方、働くことを望む高齢者が増え、労働市場に参加する女性も増えている。少子化によって生ずる若年労働力の不足分を高齢者や女性で埋める必要が生ずる。彼らにとって働きやすい雇用の形態を考え、制度を整備する必要が生じた。

第3に人々の価値観やライフ・スタイルが多様化し、人々が望む雇用の形態も多様化しており、雇用のフレキシブル化はこうした意識の多様化に適合する面もある。非正社員の多くは、正社員より賃金の低い時給雇用者であるが、一方では、期間を限定して高度に専門的な知識や技能を提供する高収入の有期契約雇用も増えている。経営環境や技術革新の変化のスピードが早くなるにつれ、企業では、持ち運びできる(ポータブルな)専門技術、知識などを持ったプロフェッショナルやスペシャリストを即時に、また必要な期間だけ雇いたいというニーズが高まっている。企業はこうした人材を、しばしば正社員に比べるとかなり高額の報酬を支払って、期間を限定した契約雇用によって確保する。特に情報、知識産業ではこうした雇用が増えている。

また社員の異なるニーズに応じた多様な雇用形態の選択肢を提供するため、雇用制度全体を再編成する企業も少なくない。これらの企業では、正社員および非正社員を雇用条件によって複数の範疇に区分し、それぞれの条件を明確化して社員に示している。終身雇用・年功型給与の制度が適用されるか否か、全国レベルでの転勤があるか否か、常勤か長時間パートか短時間パートか、などの条件により、いくつかの雇用形態の選択肢を提供するわけである（第2章5〔2〕(1)参照）。こうした政策により、従業員のモティベーションを高め、離職率を低減することができる。

②非正社員に対するモティベーション政策

非正社員においては、個人のライフ・ステージや経済的状況は多様である。非正規雇用者の一部は、フレックス雇用の特性である自由に満足しており、特に安定を求めない。彼らは仕事外の領域に中心的な生活関心を持っていたり、生きがいを見いだしたりしている。また希望する職を探しながら、生活費を稼ぐために一時的にフレックス雇用に従事していることもある。彼らにとっては、フレキシビリティを保ちながら、受け取る賃金に対して彼らが正当と感じる労働支出をすることで日々のルーチンをこなすことが働く上の基準となる。

しかし多くの非正規雇用者にとっては雇用の安定が最大の関心事であり、経営者の雇用維持に対する姿勢は彼らのコミットメントに大きな影響を与える。(8) さらに彼らのモティベーションを積極的に増進す

(8) 渡辺聰子（2008）「フレックス雇用者のモティベーション増進に関する研究」『日本経済研究奨励財団研究経過・成果報告書』。

るためには、正社員との処遇面での格差を縮小し、正社員への昇格機会を提供することが有効である。実際、大型小売業など非正社員の割合が高い業界では、非正社員に対しても人事評価を実施し、正社員と同じ資格登用制度や教育訓練制度を適用し、正社員への昇格機会を与えている企業も増えている。こうした制度の導入は、非正規雇用者のモティベーションの増進に繋がると考えられる。

さらに非正社員の職場満足度を高める上で役立つと考えられるのが、彼らの社会的欲求に注目する政策である。現場で働く正社員における同様に非正社員においても社会的な側面、人間関係面での満足がモティベーションの維持と職場満足度の向上に貢献する。仕事内容そのものに人の意欲をそそるような要因が含まれていない場合には、特にそうである。経営者自らが現場に入って従業員に接触するという人間主義、職場における社会的つながりや同僚間の親交、こういった要因は、正社員、非正社員を問わず、現場で働く従業員の満足度を高めるものである。

非正規雇用には多様な範疇があり、専門的知識や技能、あるいは経験など生かすスペシャリストとしての有期契約雇用もある。こうしたスペシャリストとしての雇用に対しては、しばしば高給が支払われる。こうした人々の場合には、雇用の不安定を補って余りある収入が得られるということが大きなインセンティブとなる。また自己実現的な要因も重視され、仕事によって技術や知識を身につけて自己の能力を伸ばし、可能性を最大限に追求することがインセンティブとなる。こうした仕事意識はゴールドカラーに近い。

以上述べてきた現場の社員に対する政策を要約する。現場で働く従業員に対しては、正社員、非正社員を問わず、「安定雇用」、「家族主義」、「共同体志向」、「社会的欲求の満足」など伝統的な日本型経営の特性を生かすことにより、彼らの職場に対する評価を高め、モティベーションを維持、増進することができ、ひいては、企業の業績を向上することができる。特にグローバル競争の激化により雇用環境および労働環境が悪化する中、失われかけていた職場における社会的つながりを回復し、職場に共同体的な環境を取り戻し、相互扶助と互酬性の規範を定着させることは、従業員のニーズに合致するものと考えられる。こうした社会的つながりの回復は、日常の協働的な接触を促進し、チームワークを効果的に機能させ、直接的、間接的に組織の目標達成に貢献する。

3 結論

本章では、雇用者を4つのグループ、すなわち、①幹部経営者、②ゴールドカラー（管理職・専門職、起業家、コンサルタントなど）、③現場の社員―正社員、④現場の社員―非正社員、に分けて、それぞれのグループに適合するモティベーション政策について考えてきた。これらの職階グループは、異なった仕事意識を持ち、異なった動機づけのレベルで作動しており、組織の中で異なった役割を期待されている。彼らを効果的に動機づけるためには、本章で述べてきたように、それぞれの階層の仕事意識と欲求内容を正確に把握し、それぞれに適合する異なる種類のインセンティブを提供する必要がある。

それぞれの職階に対する有効なモティベーション政策を検討するにあたっては、人事管理のシステムとしては異質であり対極的な特性を持つとされる日本型とアングロ・サクソン型の諸慣行を比較検討し、両者から有用な部分を取り入れる必要がある。日本型、アングロ・サクソン型、それぞれのシステムのどの部分が有用であるかは職階によって異なっているので、それぞれのシステムから異なった部分を取り入れた職階別のモデルができるわけである。つまり、それぞれの職階に対して異なったコンビネーションの混成型が出来上がるわけである。

①　幹部経営者に対しては、日本型とアングロ・サクソン型の企業統治、それぞれの優れた点を取り入れた政策を用いることによって、それぞれのインセンティブ制度の問題点を是正していく必要がある。日本企業において、企業の発展に必要な創造的能力やリーダーシップを持った経営者を活用したり、また外部から採用するためには、欧米型の成果主義の導入が不可欠であり、能力や成果をより大きく反映する報酬制度への変革が必要である。取締役会の効率化を進め、役員の数を見直すことも必要である。一方、「現場主義」、「人間主義」、「平等主義」、あるいは「長期志向」を重視する日本の経営者の姿勢は、今後の経営においても生かされるべきであり、こうしたアプローチは、アジアをはじめ、海外における展開においても有効であろう。

②　ゴールドカラーのグループは、組織の活性化と新たな価値の創造に最も重要な役割を果たすことが期待される。彼らには戦略的プロセスに参加させ、自らの仕事を企画させ、その企画を実現する機会を与え、彼らの自己実現の欲求に働きかけることによって創造的能力を引き出すことができる。

有能なゴールドカラーを動機づけるためには、伝統的な日本型経営の特性である年功序列制度とその根底にある能力平等主義は有効ではない。報酬制度に欧米型の成果主義的な要因を取り入れる必要があり、特にボーナスは成果を反映する必要がある。成果を報酬に反映させるにあたっては、職場の状況や仕事の内容に応じて、どれくらいのタイムスパンで行うか、個人に対する評価とチームに対する評価をどのような割合にするかなどを考慮しながら、多元的に対処されるべきである。一方、昇進・昇格は年齢、年功とは関係なく、能力と成果によって決定する。

日本型経営の特性である長期安定雇用に関しては、組織としての一体感や信頼関係を醸成する、積極的なコミットメントを生み出す、長期的な研究開発を促進する、などのメリットが大きく、このグループに対しても維持されるべきであろう。ただし、降格人事の実施など、その弊害を取り除くための不断の努力が必要である。

また知識産業における知的創造の活動には、管理を最小限にして、柔軟な役割分担や自律と自発性を促す環境が有用であるが、日本型経営の特性である長期的な信頼関係は、こうした環境を効果的に機能させる基盤となる。

③ 現場で働く社員（正社員）にとっては、誠実に仕事をすれば予想される額の給料が安定的に支払われること、さらに自分の選んだ会社に自分が望むかぎりとどまることができることはきわめて重要である。彼らのコミットメントを得るためには、安定的雇用を提供することは非常に有効である。このグループにおいては社会的な側面、人間関係面での満足が社員の職場満足度の重要な要因となっている。すなわち、現場の社員に対しては、伝統的な日本型経営の特性である「安定雇用」、「社会的欲求に応える人間関係論的アプローチ」、「共同体志向」、「現場主義」、「人間主義」、「平等主義」に根差す経営方式の適用により、彼らのモティベーションを維持、増進することができる。

④ 現場で働く非正社員のグループは、その仕事内容も個人の社会・経済的背景も多様で、一様に論ずることは難しいが、多くの場合、雇用の安定、正社員との格差の縮小などがインセンティブとなる。また現場で働く正社員と同様、非正社員においても社会的欲求に注目する政策が職場満足度を高める上で有効である。仕事内容そのものに人の意欲をそそるような要因が含まれていない場合には、特にそうである。経営者自らが現場に入って社員に接触するという人間主義、職場における社

会的つながりや同僚間の親交など、日本型経営の特性とされるこれらの要因は、正社員、非正社員を問わず、現場で働く社員のモティベーションの維持、増進に有効である。

4つのグループそれぞれに有効なシステムは、日本型とアングロ・サクソン型を相互補完的に融合することによって構築される。日本型、アングロ・サクソン型、それぞれのシステムのどの部分が有用であるかは職階グループによって異なってくる。

①幹部経営者、および②ゴールドカラーに対しては、日本型経営の特性のいくつかは有効に生かされるべきであるが、日本型経営の弊害を取り除き、業績を向上するためには、アングロ・サクソン型の成果主義的なアプローチを取り入れる必要がある。これに対し、現場の社員に対しては、日本型経営の長所とされる特性の多くが有効に適用され得る。日本型経営の長所を生かした経営方式により、現場の社員のコミットメントを高め、モティベーションを維持、増進することができ、企業の業績向上につなげることができる。

ら

わ

さ

索 引

【著者紹介】

渡辺　聰子（わたなべ　さとこ）

中央大学研究開発機構教授　上智大学名誉教授

東京大学社会学科卒業。ボストン大学大学院博士課程を修了。ボストン大学より Ph.D.（社会学博士号）取得。
国際大学助教授（1990-97 年），上智大学総合人間科学部教授（1997-2012 年）を経て，2014 年より中央大学研究開発機構教授，現在に至る。ロンドン・スクール・オブ・エコノミクス客員教授，ボストン大学客員教授，（独）国立環境研究所客員研究員などを歴任。経済産業省・産業構造審議会委員，文部科学省・科学技術学術審議会委員など政府委員多数。
専門分野は，経営社会学，組織論，国際経営，社会理論，社会調査法。

〈主要著書〉
『日本の新たな「第三の道」―市場主義改革と福祉改革の同時推進』（アンソニー・ギデンズと共著）ダイヤモンド社，2009 年
『グローバル時代の人的資源論―モティベーション・エンパワーメント・仕事の未来』東京大学出版会，2008 年
『ポスト日本型経営―グローバル人材戦略とリーダーシップ』日本労働研究機構，1997 年
『生きがい創造への組織変革―自己実現至上主義と企業経営』東洋経済新報社，1994 年
他。

平成 27 年 5 月 30 日　初版発行　　略称：日本型経営

グローバル化の中の日本型経営
―ポスト市場主義の挑戦―

著　者 © 渡　辺　聰　子

発行者　中　島　治　久

発行所　同文舘出版株式会社
東京都千代田区神田神保町 1-41　〒 101-0051
営業（03）3294-1801　編集（03）3294-1803
振替 00100-8-42935　http://www.dobunkan.co.jp

Printed in Japan 2015　DTP：マーリンクレイン
印刷・製本：三美印刷

ISBN978-4-495-38561-3